essentials

essentials liefern aktuelles Wissen in konzentrierter Form. Die Essenz dessen, worauf es als „State-of-the-Art" in der gegenwärtigen Fachdiskussion oder in der Praxis ankommt. *essentials* informieren schnell, unkompliziert und verständlich

- als Einführung in ein aktuelles Thema aus Ihrem Fachgebiet
- als Einstieg in ein für Sie noch unbekanntes Themenfeld
- als Einblick, um zum Thema mitreden zu können

Die Bücher in elektronischer und gedruckter Form bringen das Fachwissen von Springerautor*innen kompakt zur Darstellung. Sie sind besonders für die Nutzung als eBook auf Tablet-PCs, eBook-Readern und Smartphones geeignet. *essentials* sind Wissensbausteine aus den Wirtschafts-, Sozial- und Geisteswissenschaften, aus Technik und Naturwissenschaften sowie aus Medizin, Psychologie und Gesundheitsberufen. Von renommierten Autor*innen aller Springer-Verlagsmarken.

Weitere Bände in der Reihe https://link.springer.com/bookseries/13088

Marius Neukom · Eva-Maria Lewkowicz ·
Beate West-Leuer

Angst in Organisationen – mit emotionaler Authentizität zum Führungserfolg

Ein psychodynamischer Reader für Führungskräfte, Coaches und Coaching-Verantwortliche

Marius Neukom
Zürich, Schweiz

Eva-Maria Lewkowicz
Düsseldorf, Deutschland

Beate West-Leuer
Institut POP
Neuss, Deutschland

ISSN 2197-6708 ISSN 2197-6716 (electronic)
essentials
ISBN 978-3-662-64271-9 ISBN 978-3-662-64272-6 (eBook)
https://doi.org/10.1007/978-3-662-64272-6

Die Deutsche Nationalbibliothek verzeichnet diese Publikation in der Deutschen Nationalbibliografie; detaillierte bibliografische Daten sind im Internet über http://dnb.d-nb.de abrufbar.

Planung/Lektorat: Marion Krämer
Springer ist ein Imprint der eingetragenen Gesellschaft Springer-Verlag GmbH, DE und ist ein Teil von Springer Nature.
Die Anschrift der Gesellschaft ist: Heidelberger Platz 3, 14197 Berlin, Germany

Was Sie in diesem *essential* finden können

- Warum Führungskräfte nicht immer nett sein können und wie sie auch unangenehme Emotionen konstruktiv in ihr Führungshandeln integrieren
- Eine phänomenologische Einführung in das Wesen von Angst
- Wann und wie Angst Symptome erzeugt und schließlich krank macht
- Die präzise Differenzierung zwischen Angst, Furcht, Ängstlichkeit und Gefahr
- Wie sich Angst als essenziell menschliches Gefühl in Organisationen manifestiert
- Wie Führungskräfte produktiv mit Angst und Furcht umgehen können

Vorwort

Die Idee zu einem *essential* über konstruktives Führen bei nicht immer willkommenen Gefühlen basiert auf unserem Konzeptbuch *„Führung und Gefühl. Mit Emotionen zu Authentizität und Führungserfolg"* (2016). Wir wollen uns mit einem Kern-Dilemma von Führung beschäftigen: Der Anforderung emotional authentisch zu sein, dabei aber möglichst durchgängig sachlich zu argumentieren und aufzutreten. Wir verstehen dieses *essential* als Ratgeber für Führungskräfte, die sich in diesem Dilemma wiedererkennen oder gar gefangen fühlen. Und auch als eine Anregung für Coaches und Beratende, die Führungskräfte in diesem Dilemma begleiten und bei der Suche nach einem adäquaten Umgang damit unterstützen.

Als definitorische Leitlinie für den Umgang mit den Begriffen „Affekt, Gefühl, Mitgefühl, Emotion" beziehen wir uns auf die Einteilung in der Neurobiologie: Affekte sind die uns angeborenen emotionalen Systeme „Angst, Wut, Trauer, Ekel und Freude", die sich, bevor wir einer Sprache mächtig sind, physisch inszenieren. Leichter kommunizieren können wir, wenn diese Affekte mit Sprachsymbolen belegt werden und damit zu Gefühlen werden. Zu diesem Zeitpunkt kommen dann nach und nach intersubjektiv erworbene, soziale Gefühle hinzu. Die hohe Kunst emotionaler Fertigkeiten ist dann das Mitgefühl oder die Empathie. Mitgefühl (syn. Empathie) bedeutet Verständnis für die emotionale Andersartigkeit der Anderen. Mitgefühl stellt Nähe her, distanziert sich aber von Mitleid und Verschmelzung. Emotion wird als übergeordneter Begriff genutzt.

Unser Menschenbild ist ein psychodynamisches, das sich auf psychoanalytische Konzepte stützt. Wir gehen davon aus, dass menschliches Verhalten und Handeln auch unbewusst begründet sind. Das Unbewusste soll mithilfe individueller Abwehr auch unbewusst bleiben. Ohne dass Menschen dies komplett vermeiden können, inszeniert sich das, was verborgen bleiben soll, in der

zwischenmenschlichen Kommunikation. Kommuniziert werden – neben den sach-
lichen Inhalten – Affekte und Gefühle. Sie müssen nicht ausgesprochen werden;
sie zeigen sich für die Kommunikationspartner leicht lesbar in Mimik, Gestik,
Sprache und Körperhaltung. Und sie übertragen sich auf die Gesprächspartner,
die entsprechend (unbewusst) reagieren. Diese Schaltstelle ist eine spannende.
Wenn sie auch nicht immer erwünscht ist, entscheidet sich am Umgang mit ihr
der Führungserfolg.

Die wissenschaftstheoretische Basis unseres Denkens sind – neben der Psychoanalyse – Neurowissenschaften und psychologische Affektforschung. Sie
konnten zeigen, dass alle Affekte und Gefühle zunächst einmal in sich sinnvoll
sind. Es gibt keine sinnlosen oder moralisch zu verurteilenden oder gar negativen
emotionalen Reaktionen. Angst, Ärger und Wut oder auch komplexere, sozial
gelernte Gefühle wie Neid oder Eifersucht sind unter bestimmten Bedingungen förderlich für die Stabilisierung zwischenmenschlicher Beziehungen auch am
Arbeitsplatz. Gefährlich werden sie erst, wenn man nichts von ihnen weiß oder
wissen will, oder wenn man sie nicht sozial verträglich kontrollieren kann (vgl.
Franz 2016, S.16)

Wir werben in diesem *essential* daher um die Akzeptanz für häufig diskre-
ditierte Gefühlslagen, die jedoch unweigerlich zum Menschen dazugehören. Aus
dem Arbeitsalltag nicht wegzudiskutieren sind: *Angst, Neid, Scham, Aggressio-
nen, Trauer* sowie *Gefühle erotischer Anziehung.* Dass wir um Akzeptanz für diese
unliebsamen Gefühle werben, heißt aber nicht, dass wir ihr ungefiltertes Ausagieren propagieren. Oder dass wir die Anwendung des zu erwerbenden emotionalen
Wissens zu missbräuchlichen Deutungszwecken unterstützten (Foucault 1999).
Im Gegenteil. Selbsterfahrung von Führungskräften ist nie Selbstzweck, sondern
steht im Dienst der Führungsrolle und damit im Dienst der Sache. Wenn Kogni-
tion ohne Emotion nicht möglich ist (Roth 2000), dann müssen Führungskräfte
einen konstruktiven Umgang mit den eigenen, wie den Emotionen der Anderen
lernen, um sachlich **und** emotional authentisch zu kommunizieren.

In unserem einführenden Kapitel *„Emotionale Authentizität und Führungserfolg"* geht es um die grundlegende Erfahrung, dass emotional authentisches
Führen, das Erfolg verspricht, nicht immer nur angenehm ist, sein kann oder will.
Dabei geht es nicht darum, einem willkürlichen Ausagieren belastender Affekte
Vorschub zu leisten. Vielmehr gilt es, Gefühlslagen, die wir liebend gerne vermeiden möchten, konstruktiv und mit Bedacht zu nutzen. Besonders eindrücklich
zeigt sich dies, an der Art und Weise, wie im Arbeitsalltag mit einem Gefühl
umgegangen wird, dass jedem Menschen von Kind an aus Erfahrung vertraut ist:
Angst.

Im Zentrum dieses *essentials* steht daher das Essay „*Angst in Organisationen. Ein Leitfaden für furchtlose Führungskräfte*". Führungskräfte, die Angst erleben und reflektieren können, verfügen über entscheidende Vorteile. Denn Angst ist nicht nur ein Schlüssel zur Ausbildung von Selbstkenntnis, sondern auch zur Förderung von Motivation, Zusammenarbeit, Veränderungsbereitschaft sowie Konfliktbewältigung und somit zum Verständnis der Funktionsweise von Organisationen. In der Arbeitswelt wird Angst jedoch fatalerweise vermieden und tabuisiert, weil sie Abneigung erzeugt und als hemmend erlebt wird. Dieser Leitfaden macht dieses essenziell menschliche Gefühl zugänglich, erläutert seine unvermeidliche, gesunde wie auch krank machende Seite und zeigt angemessene Wege auf, wie es sinnvoll und nicht zuletzt produktiv in die Führungsarbeit integriert werden kann.

Neben Psychoanalyse und Intersubjektivitätstheorien bezieht sich der Autor in seinem Essay auf philosophische Theorien aus Existentialismus und Daseinsanalyse und geht dabei über die Ansätze der neurobiologischen Emotionsforschung hinaus. Auch ist sein Umgang mit den Begriffen ein etwas anderer als der oben skizzierte; hier kommen auch weitere Disziplinen zur Sprache. Sein Angebot einer phänomenologischen Herleitung von Angst und Furcht stellt eine Herausforderung für Leserinnen und Leser dar, die weder in der Existenzphilosophie noch in der Psychoanalyse sprachlich zu Hause sind. Doch es lohnt sich. Angst von Furcht zu unterscheiden ist nachvollziehbar und sehr alltagstauglich. Fallbeispiele tun ein Übriges. Als Quintessenz zeigt sich, dass ein bewussterer Umgang mit Angst und Furcht schädigendes Vermeidungs- und Fluchtverhalten hemmt und konstruktives Führungshandeln stabilisiert und sichern hilft. Ein emotionales Sharing dieses existentiellen Gefühls mit abhängigen Mitarbeitenden ist dagegen nicht uneingeschränkt förderlich. Die Kommunikation emotionaler Authentizität hat hier – zum Schutz von Sache und Person – ihre Grenzen.

Für furchtlose Leserinnen und Leser, die sich mutig mit dem Thema „Angst in Organisationen" auseinandersetzen, sind vielleicht auch weitere *essentials* der Autor*innen von Interesse. Da geht es um „Neid und Führungskräfte in der Konkurrenzfalle", um „Scham und die weiße Weste von Unternehmen", um „Trauer und Depression als Bewältigungsversuche von Change Prozessen", und um „Aggression als notwendige Komponente des Führens". Auch „Love in the Office" ist nicht unbedingt gerne gesehen. Doch gerade deswegen beschäftigen wir uns damit.

Düsseldorf   Beate West-Leuer
Zürich   Eva-Maria Lewkowicz
                                                                          Marius Neukom

Inhaltsverzeichnis

Emotionale Authentizität und Führungserfolg

Führungskräfte, weibliche, auch männliche, wissen zumeist ganz genau, wann ihre Mitarbeitende, Peers oder Vorgesetzte wütend sind, neidisch reagieren, sich ertappt fühlen und sich schämen, oder sich vor einer unangenehmen Entscheidung fürchten, all dies aber auf keinen Fall zeigen oder zugeben wollen. Diese gesellschaftlich häufig diskreditierten Emotionen bei sich selbst wahrzunehmen, ist dagegen viel schwieriger.

Von Führungskräften wird gefordert, die eigenen Gefühle, Vorlieben, Abneigungen der „Sache" unterzuordnen, gleichzeitig die Mitarbeiter emotional positiv zu motivieren und zu inspirieren. Es soll ein Wir-Gefühl entstehen, gleichzeitig werden die (unliebsamen) Gefühle aller Beteiligten ausgeblendet. Die Mitarbeiter sollen bereit sein, sich persönlich weiter zu entwickeln oder gar weiter entwickeln zu lassen, sollen die Frustrationen, die dieser Prozess unweigerlich mit sich bringt, aber mit sich selber ausmachen. Die Führungskraft soll positiv konnotierte Gefühle vorleben: Begeisterung, Freude über Erreichtes, Spaß am Tüfteln bis hin zum Rausch des Erfolges. Das entspricht dem Zeitgeist, findet sich in vielen Wertekatalogen und Personalmanagementpraktiken gerade großer Unternehmen und bleibt doch: ein unrealistisches Konstrukt (West-Leuer, 2021).

Wir versuchen den Paradigmenwechsel. Unsere Leserinnen und Leser – Führungskräfte, Coaches und Beraterinnen und Berater – werden ermutigt, sich auch mit im Berufsleben weniger akzeptierten Seiten unserer Gefühlswelt auseinander zu setzen. Hierzu gehören *Angst, Aggression, Neid, Schuld und Scham, Trauer* und, ja auch, *Sexualität und Liebe*. Vermeiden lassen sich diese Gefühle im Berufsleben nicht. Die Essentials zeigen aber auch, wie mit diesen Gefühlen umzugehen ist. Zunächst gilt es festzuhalten, dass Angst, Aggression und auch sozial gelernte Gefühle wie Eifersucht und Neid für den Fortbestand des Unternehmens unbedingt notwendig sind. Ohne sie gäbe es kein Leistungsstreben, keine Lust am

© Der/die Autor(en), exklusiv lizenziert durch Springer-Verlag GmbH, DE, ein Teil von Springer Nature 2021
M. Neukom et al., *Angst in Organisationen – mit emotionaler Authentizität zum Führungserfolg,* essentials, https://doi.org/10.1007/978-3-662-64272-6_1

Erfolg, keinen Durchhaltewillen, keine Vision für Innovationen. Gefährlich werden sie erst tabuisiert. Werden sie unvoreingenommen zur Kenntnis genommen, ist es möglich, auch ihre Risiken zu erkennen und dennoch Strategien zu entwickeln, ihre Energie zu nutzen. Führungserfolg hängt auch vom Umgang mit diesen „unliebsamen" Emotionen ab; daher kann, daher muss man das lernen (West-Leuer 2011, 2015).

Führung ist unweigerlich mit Gefühlen verbunden. Von Führungskräften zu erwarten, sie mögen ihre Affekte und Gefühle nicht zeigen, ist schlichtweg eine unmöglich zu erfüllende Forderung (Vasella, 2016). Denn jeder Mensch sendet permanent affektive Mikrosignale. Zusammengenommen bilden sie eine Art „persönliche Aura". Doch wenn die Umgebung von Führungskräften erwartet, dass sie alles im Griff haben, immer gut drauf sind, sich jeder Aufgabe gewachsen zeigen, und der Garant dafür sind, dass am Ende alles gut wird, ist bei ihnen der Impuls, unliebsame Gefühle zu verdrängen, besonders groß. Rational und sachlich begründet zu führen ist dann nicht mehr möglich. Die verdrängten Gefühle mischen sich ein. Dabei bleiben sie häufig von der Führungskraft selbst unbemerkt, nicht aber von den Anderen.

Führungskräfte führen durch Kommunikation (Lewkowicz & Neukom, 2019). Je weiter sie in der Hierarchie aufsteigen, desto größer ist der Anteil an Zeit, den sie in der Kommunikation mit anderen verbringen. Sie werben für ihre Ideen, versuchen widerstreitende Interessen der Organisationsmitglieder in Einklang zu bringen, vertreten die Organisation nach außen und geben ihr ein Gesicht nach innen. Sie führen ihre Mitarbeiter im gegenseitigen Austausch. Gelingende Kommunikation setzt Empathie voraus. Sich in die Gefühle anderer, hier insbesondere deren unliebsame Gefühle einzufühlen und diese angemessen zu beantworten, kann aber nur die Führungskraft, die ihre eigenen ängstlichen, neidischen, traurigen, beschämten, wütenden oder aggressiven Momente erlebt und erfühlt.

Warum sind Selbstwahrnehmung und Selbstreflexion wichtig für Führungserfolg?
Die psychologische Affektforschung beschreibt verschiedene basale Affekte sowie sozial erworbene Gefühle. Sie sind durch charakteristische Muster von mimischem Display gekennzeichnet und mit physiologischen Veränderungen verbunden. Dies geschieht auch, wenn man sich dessen nicht gewahr ist. Dann merken es bloß die Anderen. Nur wenn diese „occurring emotion" von der Person selbst wahrgenommen wird, kann von einer „felt emotion" oder „Gefühl" gesprochen werden (Krause, 1987; Hartkamp, 2016). Erst dann sind sie der Person auch zur Bearbeitung zugänglich, erst dann kann die Führungskraft sie angemessen in ihre Führungsarbeit integrieren.

Führungskräfte brauchen Mut, das volle Spektrum eigener Gefühle bewusst wahrzunehmen. Wenn sie sich eingestehen, dass sie *Angst* haben, oder leider in die Falsche oder den Falschen *verliebt* sind, sich *schämen, neidisch* sind, weil der Kollege befördert wurde, sich *ärgern* oder auch *Wut* haben wegen unverschämter Ansprüche oder intrigantem Verhalten der Mitarbeitenden, *traurig* sind, weil eine Entscheidung falsch war, ein Projekt nicht geklappt hat, dann fühlt sich das – bis in körperliche Reaktionen hinein – unangenehm an. Solche Gefühle bewusst zuzulassen, ist tatsächlich nichts für Feiglinge. Dennoch ist es vorteilhaft, sich dieser „(Selbst)Prüfung" zu unterziehen.

Situatives Führen schließt die Überlegung ein, wann es hilfreich ist, diese Selbsterfahrungen mit Anderen, Mitarbeitenden, Peers oder Vorgesetzten zu teilen. Unsicherheit oder Furcht sollte nur dosiert gezeigt werden, denn Emotionen sind ansteckend. Wenn der Chef oder die Chefin sich „ein wenig" sorgt, dass ein Ziel nicht erreicht wird, werden die engagierten Mitarbeitenden sich anstrengen, eine schwierige Lage zu bewältigen; Ärger wird notwendigerweise sichtbar, um adäquat auf Angriffe oder auch Minderleistung zu reagieren; Scham zu fühlen ist eine private und gute Voraussetzung, um konstruktive Änderung im eigenen Verhalten anzustreben. Gemeinsame Trauer ist (in Maßen) bei Verlusten notwendig, um anschließend gemeinsam wieder durchzustarten. Und ja, manchmal hat man als weibliche oder männliche Führungskraft romantische Zeichen falsch verstanden und muss dann mit Zurückweisung umgehen.

Sachlich führen, mit Gefühl
Erschwert wird die Lage von Führungskräften, wenn sie für nicht wenige Mitarbeitende als Projektionsfläche für unverarbeitete Ängste, Trauer, Wut oder Kränkungen dienen. Der Druck wird deutlich heftiger als in einer ‚normalen' Führungs-Konstellation. Auch eine stabile Führungskraft kommt an ihre Grenzen, wenn sie regelmäßig nicht nur mit heftigen, sondern auch destruktiven Affektzuständen konfrontiert und infiltriert wird. Eine Führungskraft, die Erfahrung im Umgang mit eigenen unliebsamen Affektzuständen hat, wird sich in solchen affektiven Drucksituationen zu helfen wissen und unabhängige Beratung von außen hinzuziehen (Franz, 2016, S. 30).

Andernfalls drohen unbearbeitete Konflikte zu eskalieren oder Teams fallen in unreife Muster, die die Arbeitsfähigkeit unterlaufen (Bion, 2001). Ein unreflektiertes „Wir gegen Die" steuert dann Entscheidungen, Grabenkämpfe zwischen den Funktionen oder Geschäftsbereichen sind im Unternehmen an der Tagesordnung. Auch die Kompensation verdrängter negativer Gefühle durch Größenphantasien, die Jagd nach einem „Immer-Schneller-immer-Weiter-immer-Reicher" ohne jegliche Rücksicht auf Verluste lässt sich häufig beobachten

(Lewkowicz & West-Leuer PDP, 2018, S. 128 ff.). So geraten Macht und narzisstische Gratifikation in den Vordergrund (ebenda).

Gute Führung ist demgegenüber am ganzen Menschen orientiert. Führungskräfte, die den Mut aufbringen, sich als nicht nur unabhängig, sondern auch als abhängig vom Zuspruch Anderer, als gelegentlich inkonsistent und irrational, zu sehen, die ihre eigene „Charakter"-Prägung und ihren eigenen Weg zur Führungskraft reflektieren, sind dann die, die nicht nur authentisch und zuversichtlich voran gehen können, sondern auch als klar und eindeutig wahrgenommen werden. Sie kommunizieren genauer, verstehen komplexe Situationen umfänglicher, treffen bessere Entscheidungen. Führungskräfte, die Organisationen nicht nur als zweckorientierte – häufig genug gewinnorientierte – Zusammenschlüsse begreifen, sondern auch als von Menschen für Menschen gemachte Systeme, agieren umsichtiger, brechen Entscheidungen nicht – oder nur im Notfall – über das Knie und verzweifeln nicht an Veränderungswiderständen. Sie wissen um ihre Gefühle und die Gefühle ihrer Mitarbeiter – sie wissen auch, wann logische Argumente nicht weiterhelfen und dass es weder in ihrer Macht steht, die Organisation alleine in den Olymp zu führen, noch dem vor ihnen stehenden Mitarbeiter seine Gefühle abzunehmen. Wenn Führungskräfte ihre eigenen, unliebsamen Gefühlen zulassen, akzeptieren und reflektieren können, kehrt sich das Kern-Dilemma von Führung in ein positives Paradox. Emotional reife Führungskräfte führen am Ende: sachlicher.

Angst in Organisationen: Ein Leitfaden für furchtlose Führungskräfte

1 Angst als prototypisches Unlustgefühl

Dass Angst häufig (und zu Unrecht) als negativ, unerwünscht, schwach oder defizitär angesehen und behandelt wird, liegt wesentlich daran, dass sie ein Unlustgefühl ist, das mit unangenehmer Spannungssteigerung, Abneigung, Hemmung und Fluchtimpulsen einhergeht. Ähnliches gilt für Scham, Schuld, Unsicherheit, Frustration, Enttäuschung, Trauer, Neid und Eifersucht. Die Toleranz gegenüber diesen Emotionen ist bei vielen Menschen eher gering. Anders ist es bei Gefühlen, deren Erleben lustvoll, angenehm, stärkend, bestätigend und unmittelbar motivationsfördernd ist: Liebe, Leidenschaft, Freude, Stolz und Anerkennung gelten als positiv und erwünscht. Obschon sie möglicherweise gar nicht stärker verbreitet sind, erhalten im Alltagsleben eine ganz andere Aufmerksamkeit.

Psychodynamisch betrachtet resultiert diese ungleiche Wahrnehmung und Wertschätzung aus den Konsequenzen des „Lustprinzips" (Laplanche & Pontalis, 2002, S. 297). Es besagt, dass in den Grundfesten des menschlichen Seelenlebens einerseits Lust angestrebt und andererseits Unlust und psychischer Schmerz minimiert werden. Erst die Etablierung des „Realitätsprinzips" (ebd., S. 427) ermöglicht es, die Dinge differenzierter zu betrachten und die affektiven und reflexartigen Beurteilungen zu revidieren. Unter Berücksichtigung der Bedingungen und Anforderungen der Aussenwelt lernt das Individuum nach und nach, affektiven Impulsen zu widerstehen, Bedürfnisbefriedigungen aufzuschieben und in der Folge unlustvolle Gefühlslagen auszuhalten, statt nur danach zu trachten, sie zu vermeiden.

Angst ist aus mehreren Gründen ein „prototypisches Unlustgefühl" (Haubl, 2018, S. 42). In der Entwicklung über die Lebensspanne hinweg spielt es in krisenhaften Situationen mehrmals eine Schlüsselrolle (vgl. Grieser, 2011, S. 99 ff.).

M. Neukom et al., *Angst in Organisationen – mit emotionaler Authentizität zum Führungserfolg*, essentials, https://doi.org/10.1007/978-3-662-64272-6_2

Ängstlichkeit ist zudem ein unangenehmes, drängendes Persönlichkeitsmerkmal, das bei jedem Menschen zu einem gewissen Grad vorhanden ist. Schliesslich ziehen Gefühle wie Scham, Schuld und Unsicherheit immer auch eine Portion Angst mit sich, obschon sie selbst je eigene Dynamiken aufweisen. – Im psychoanalytischen Denken wird Angst nicht zufällig als eines der zentralsten Motive im Seelenleben begriffen. Es bildet zusammen mit dem psychoanalytischen Wunsch das Fundament der Konzeptualisierung des psychischen Konflikts und der Abwehrmechanismen. Sie haben zu einem revolutionären Verständnis der Sinnhaftigkeit von neurotischen Symptomen geführt und in der Folge auch den Weg für die psychologische Behandlung psychischer Erkrankungen geebnet (vgl. etwa Freud, 1999a, b).

Aus neurobiologischer Sicht zeigt Angst Bedrohung an, ist eng mit Kampf und Flucht assoziiert und nötigt das Individuum, sich unvermittelt um die Sicherung der eigenen Integrität zu kümmern (Franz, 2016). Beim genaueren Hinschauen zeigt sich, dass die Erlebnisqualität dieser zwischen Affekt und Gefühl pendelnden Emotion noch viel weiter ausdifferenziert werden kann und sollte:

Auf der einen Seite steht dabei das geflügelte Wort „Angst essen Seele auf".[1] Es weist darauf hin, dass die Angst das psychische Funktionieren entdifferenziert und das Fühlen, Denken, Entscheiden sowie Handeln einschränkt und manchmal sogar ganz und gar zerstört. Wer sich also diesem Gefühl zuwendet, muss ganz spezifische Formen von Unlust und Not aushalten können.

Auf der anderen Seite steht ein Zitat, das Erich Kästner zugeschrieben wird: „Wenn einer keine Angst hat, hat er keine Phantasie". Es weist auf die unbedingt wertvollen Aspekte des Angsterlebens hin. Denn die mit ihm verbundenen Unlustgefühle mobilisieren die Fantasie auf spezifische Art und Weise: Sie weiten die Vorstellungskraft und den psychischen Raum aus und befähigen Menschen zu Kreativität und Innovation, wie es kein Lustgefühl je könnte. Die Formulierung „Angst haben" ist hier allerdings irreführend. Vielmehr geht es um die Fähigkeit, Angst als das, was sie ist, zu erleben, reflektieren und zu verbalisieren (vgl. Hartkamp, 2016). Wenn dies gelingt, erschließen sich ihr Wert und Reichtum – und es zeigt sich, dass Unlust nicht stets dominiert.

Wie sich Angst anfühlt, wie unausweichlich sie zum Seelenleben gehört und welche Rolle sie in der Arbeitswelt spielt, ist Gegenstand dieses *essentials*. Es ist ein „Leitfaden für furchtlose Führungskräfte", die sich selbst, ihre MitarbeiterInnen und Vorgesetzten als fühlende Individuen respektieren und verstehen wollen und dieses Wissen in ihrer Tätigkeit in und für Organisationen auch adäquat einsetzen möchten.

---

[1] Titel eines Melodrams von Rainer Werner Fassbinder aus dem Jahr 1974.

Nachfolgend unterscheide ich in Anlehnung an Holzhey-Kunz (2020, S. 16 ff.) „Angst als objektlose Stimmung" (Abschn. 2.1) von „Furcht als intentionales Gefühl" (Abschn. 2.2) und komplettiere die Sicht auf das Angsterleben mit Erkenntnissen der Existenzphilosophie und Daseinsanalyse (Abschn. 2.3). Daraufhin grenze ich Gefahr von Furcht ab (Abschn. 3.1) und lege die charakteristischen Prozesse der psychischen Verarbeitung von Angst bis hin zum Krankheitserleben dar (Abschn. 3.2 und 3.3). Das gewonnene Wissen übertrage ich sodann in die Arbeitswelt (Abschn. 4), womit auch die Konsequenzen für die alltägliche Führungstätigkeit erschlossen werden können (Abschn. 5).

Abgesehen von der Detaillierung der Angst sind alle arbeits-, organisations- und führungsbezogenen Themen ausführlich im Buch *Kompetent führen. Betriebswirtschaftliche und psychodynamische Grundlagen für den Führungsalltag* (Lewkowicz & Neukom, 2019) dargelegt. Da sie dort leicht über das Stichwortverzeichnis gefunden werden können, wird hier auf Einzelverweise verzichtet. Der vorliegende Text ist eine überarbeitete und erweiterte Fassung des Kapitels zur Angst in dem im Vorwort erwähnten Buch *Führung und Gefühl* (Neukom, 2016).

2 Die spezifische Erlebensqualität von Angst

Gefühle können nur dann adäquat erfasst und verstanden werden, wenn sie in Verbindung zum eigenen Erleben und zu eigenen Erfahrungen treten und ständig so vorurteilslos wie nur möglich neu ausdifferenziert werden. Jeder Versuch, sie ausschliesslich auf rationaler Ebene und mit intellektuellen Mitteln zu fassen, wird sie verfehlen. Der Einstieg in die Phänomenologie des Angsterlebens soll daher im Rahmen einer praktischen Übung geschehen:

Stimmungen und Gefühle zu Beginn der Corona-Krise 2020
Die nachfolgenden Reflexionsfragen zielen darauf ab, Sie *gefühlsmäßig* an den Anfang der Corona-Krise im Frühjahr 2020 zu versetzen. Versuchen Sie, Ihren Erinnerungen Raum zu geben und sich in die Situationen zurückzuversetzen, die Ihnen spontan in den Sinn kommen:

- Wie beschäftigte Sie das Virus? Fühlten Sie sich betroffen? Fürchteten Sie sich davor? Beschäftigte Sie die Vorstellung, vom Virus angesteckt

zu werden? Schwer zu erkranken? Ökonomische Verluste zu erleiden? Arbeitslos zu werden? Hatten Sie Sorge um Ihnen nahestehende
Personen?

- Erinnern Sie sich an Ihre Stimmungen und Gefühle vor und nach der
Ankündigung des ersten Shutdowns? Wie war es, als sich der Alltag
veränderte und Ihre persönliche Bewegungsfreiheit und Perspektiven
eingeschränkt wurden? Erinnern Sie sich an das Eingesperrtsein in der
eigenen Wohnung? An die leeren Straßen? Die ausbleibenden Flugzeuge
am Himmel? Eine sich gespenstig ausbreitende Ruhe? Beklemmende
Gefühle von Stillstand? Empfindungen von Irrealität?
- Erinnern Sie sich an Sorgen um die wirtschaftliche Zukunft Ihres
Betriebs oder Berufs, des Wirtschaftszweigs, in dem Sie tätig sind? Sorgen um Ihr Land, den Kontinent oder gar die Welt schlechthin? Erlebten
Sie auch diffuse, bedrohliche Empfindungen, in die allgemeine Ohnmacht, Unsicherheit, Kontrollverlust, Verunsicherung oder Verzweiflung
hineingemischt waren?
- Können Sie die mit diesen Fragen verbundenen körperlichen Empfin-
dungen wachrufen?

Was als Angst bezeichnet wird, ist ein hochindividuelles, bewegliches und
gleichzeitig zeit- und kulturgebundenes Erleben. Es ist begrifflich nur unzuläng-
lich fassbar, was insofern überraschend ist, als es jedem Menschen von Kind
an aus Erfahrung vertraut sein dürfte. Etymologisch ist das Wort mit Bedeutungen verbunden, die sich um einen Zustand der Enge, Beklemmung, Ein- und
Zusammenschnürung (der Kehle), Bedrängnis, Not und Gefangenschaft drehen
(DWDS, 2021). Es bezieht sich offensichtlich auf ein Bündel von unangenehmen,
unerwünschten Gefühlen, die das Wohlbefinden beeinträchtigen und von Menschen unwillkürlich gemieden werden. Eng verbundene Emotionen wie Schmerz,
Schuld, Scham und Unsicherheit lassen sich oft kaum auseinanderhalten.

Bei der Beschreibung der spezifischen Gefühlsqualität ist die Verführung
groß, das Erlebensspektrum unangemessen zu vereinheitlichen. Auch besteht das
Risiko, eigenes Erleben zu stark zu pauschalisieren und zu übersehen, wie unterschiedlich ein und dieselbe Emotion erlebt werden kann. Nachfolgend wird das
Spektrum des Angsterlebens aufgespannt, ohne es abschließend zu definieren,
typologisieren oder gar zu normieren.

2.1 Angst als objektlose Stimmung

Primär ist Angst ein diffuses, ungerichtetes und gegenstandsloses Erleben von hoher, unlustvoller Erregung, dem der Bezug zu einem Objekt fehlt. Es ist ein Zustand, der mit starker psychischer und körperlicher Aktivierung einhergeht, Abneigung erzeugt sowie einen Fluchtreflex und Vermeidungsverhalten auslöst. Die körperliche Aktivierung, die die Wahrnehmung häufig dominiert, besteht in physischen Sensationen wie Zittern, Schwitzen, Atemnot, Herzrhythmus-Störungen, Übelkeit, Magenschmerzen, Schwächeempfindungen, Erhöhung des Blutdrucks, Ruhe- und Schlaflosigkeit. Diese vegetativen Begleiterscheinungen (wie auch der Fluchtreflex und die Neigung, angstauslösende Situationen zu vermeiden) scheinen ein „angeborenes und biologisch verankertes Reaktionsmuster" (Mentzos, 2000, S. 30) zu sein, das allerdings in unterschiedlichen Kulturen unterschiedlich ausgeprägt ist. Missempfindungen, Schmerz oder gar körperliche Erkrankung können sowohl Ursache als auch Folge von Angst sein (Abschn. 3.3). Die vegetativen Begleiterscheinungen sind Signale, die auf das Gefühl verweisen, aber nicht mit dem Gefühl selbst gleichgesetzt werden sollten. Je intensiver die Empfindung von Angst ist, desto schwieriger wird es, das Gefühl als Gefühl zu erkennen und es von den körperlichen Sensationen zu unterscheiden (vgl. Fallbeispiel im Abschn. 3.2).

Die psychische Aktivierung im Angsterleben besteht einerseits in der Aktivierung einer Suche nach möglichen Gefahren und anderseits in der Evokation von charakteristischen Vorstellungen. Ersteres ist stammesgeschichtlich nachvollziehbar, wenn man davon ausgeht, dass das Angsterleben im Dienst des Überlebens in einem Gefahr-Flucht-Muster stattfindet. Aufgrund der menschlichen Fähigkeit, sich selbst zu erkennen und die eigenen Gefühle zu reflektieren, ist dieses Muster allerdings nicht selten irreleitend: Erstens, weil Flucht schwierig ist, wenn die Gefahr aus der eignen Gefühlswelt kommt. Zweitens, weil Angst zu den Grunderfahrungen des Menschen gehört (Abschn. 2.3).

Im Psychischen erzeugt das Angsterleben Vorstellungen, die sich um Katastrophen und Untergang drehen. Sie können in tatsächlich Erlebtem gründen, das Erinnerungen aktualisiert und aufblühen lässt, oder sie können einfach der schöpferischen Kraft der Fantasie entspringen. Die Bildung von Vorstellungen ist eine höchst nützliche und sinnvolle Reaktion. Sie gießt die diffuse, ungerichtete Erregung in Bilder und Worte, macht sie fassbarer, weniger bedrohlich und insbesondere kommunizierbar. Grundsätzlich ist davon auszugehen, dass die Katastrophenfantasien aus einem komplizierten Gemisch von aktuellen, äußeren oder inneren Auslösern, Erinnerungen und Neuschöpfungen bestehen. Dies gilt

auch für Albträume, wenn man sie als Ausdruck von im Schlaf erlebter Angst
versteht.

Obschon Angst ein prototypisches Unlustgefühl ist (Abschn. 1), wirkt sie sich
in geringer Intensität erregend, belebend und durchaus lustvoll aus. Sie erzeugt
eine Spannung, die das Wohlbefinden und das Gefühl des Lebendigseins erhöht.
Ein angenehmer Zustand von Wachheit und Reaktionsbereitschaft stellt sich ein.
Fantasietätigkeit und Kreativität werden stimuliert, Motivation und Leistungsfä-
higkeit gesteigert. Die sogenannte „Angstlust" („thrill"; Balint, 2014) bezeichnet
sogar eine sehr intensiv erlebte Mischung aus Angst, Wonne und Hoffnung im
Angesicht von Gefahr, die den Menschen bekanntermaßen zu Höchstleistungen
befähigt.

Viel dominanter sind freilich die mit Angst verbundenen Unlust-
Empfindungen und ihre einengenden, hemmenden und bedrohlichen Auswir-
kungen. Das Angsterleben ist eng assoziiert mit Verunsicherung, Abneigung,
Bedrängnis, Ohnmacht und Hilflosigkeit. Es erzeugt das Bedürfnis nach Sicher-
heit und Absicherung. Die Nähe zu anderen Menschen wird wichtig: Wenn das
Erlebte mit vertrauenswürdigen, empathischen oder auch einfach nur ähnlich füh-
lenden Menschen geteilt werden kann, beruhigt sich die diffuse und quälende
Erregung.

Unter dem Einfluss von Angst beginnt sich das Individuum klein, unsicher und
schwach zu fühlen. Angst hat die Tendenz, sinnhafte Zusammenhänge aufzulösen
und damit das geordnete Denken, zielgerichtete und zweckmäßige Handeln anzu-
greifen. Sie erzeugt eine Stimmung, „in der einem die *Welt im Ganzen* bedrohlich
erscheint und man sich entsprechend im Ganzen bedroht fühlt" (Holzhey-Kunz,
2014, S. 96; Hervorhebung im Original). Damit drängt sie das Individuum in
einen namenlosen Zustand von Bedrängnis, Isolation, hilfloser Passivität bis hin
zu geistiger und körperlicher Erstarrung (Stupor). Mehr und mehr verwischt sie
die Grenzen zwischen der inneren und äußeren Welt, dem Selbst und den anderen, der Psyche und dem Körper. In anderen Worten: Angst hat eine im Erleben
nach unten ziehende Sogwirkung, die in einen Selbstverlust führt. Damit bedroht
sie die Wahrnehmungsfähigkeit schlechthin und lässt im Extremfall die Welt
untergehen.

Das Erleben von Angst als objektlose Stimmung hängt in besonderem Masse
von der Fähigkeit ab, unlustvolle, sinnlos erscheinende und quälende Gefühle
zu ertragen. Dies gelingt, wenn die vegetativen Begleiterscheinungen, charakteristischen Katastrophenvorstellungen und die temporären Einschränkungen im
Erleben und Denken wahrgenommen, reflektiert und akzeptiert werden können.
Im Wissen (und Vertrauen), dass man die tausend Tode, die man unter Einfluss

von Angst stirbt, überleben wird, lassen sich sogar sehr hohe Intensitäten von Angst schadlos überstehen.

2.2 Furcht als intentionales Gefühl

Angst bewirkt eine reflexartige Aktivierung der Aufmerksamkeit, die vorzugsweise nach außen gerichtet wird, um Gefahren zu ermitteln und sich vor ihnen zu schützen. Damit kommt diejenige Form von Angst in den Fokus, an die die meisten Menschen zuerst denken, wenn sie von Angst sprechen: Angst *vor* etwas Bestimmtem. Obschon die Alltagssprache diese Differenzierung nicht macht, wird hier der Begriff Furcht für Angst, die mit Vorstellungen von Gefahren verbunden ist, verwendet (vgl. auch Abschn. 3.1).

Angst ist somit eher ein Affekt und Furcht ein Gefühl. Während Angst sowohl bewusst als auch unbewusst[2] sein kann, ist Furcht weitgehend ein Phänomen des Bewusstseins. Als psychisch verarbeitete Angst kann Furcht auch als eine Funktion von Angst betrachtet werden. Im Gegensatz zur diffusen Angst ermöglicht sie, sich gegenüber einem Objekt zu sammeln, zu konzentrieren und handelnd auszurichten. Die mitunter lustvollen Prozesse der Aufmerksamkeitsbündelung ermöglichen die Aufnahme einer zielgerichteten mentalen oder motorischen Aktivität: manuelle, intellektuelle, kommunikative Bearbeitung im Dienst von Lösung, Beseitigung, Angriff, Flucht, Vermeidung. Sie erlauben es, Entscheidungen zu fällen, Unlust und Ohnmacht zu überwinden, die eigene Geschicklichkeit unter Beweis zu stellen, das Selbstgefühl zu stärken und damit die weitere Ausbreitung von Angst in Schach zu halten. Darum kann man sagen, dass Furcht vor dem Tod (die umgangssprachliche „Todesangst") leichter auszuhalten ist als Angst selbst.

2.3 Existenzphilosophische Sicht auf Angst

Die Existenzphilosophie hat erkannt, dass Angst wesensmäßig zum Menschen gehört und dass ihre Überwindung kein erstrebenswertes Ziel sein kann. Als eine der großen philosophischen Strömungen des 20. Jahrhunderts befasst sie

---

[2] Dass Gefühle unbewusst sein können, mag auf den ersten Blick überraschen. Mit Hilfe von Beobachtung, Erfahrung und Einfühlungsvermögen lässt sich allerdings leicht erkennen, dass sie manche, zunächst rätselhafte Erlebens-, Denk- und Verhaltensweisen schlüssig erklären können. Obschon sie verborgen sind, haben unbewusste Gefühle einen enorm starken Einfluss auf unsere Wahrnehmung und Motivation wie auch unser Erleben, Denken und Verhalten (vgl. Mentzos, 2000, S. 35).

sich mit den Bedingungen, die das Wesen des Menschen ausmachen. Die aus ihr hervorgegangene Daseinsanalyse hat mit Bezug auf die Psychoanalyse ein konsequent auf Beobachtung gründendes und präzise beschreibendes Verständnis von Gefühlen und seelischem Leiden entwickelt (Holzhey-Kunz, 2014). Die Unterscheidung zwischen Furcht und Angst wurde 1844 von Kierkegaard (1984) in der Schrift *Der Begriff Angst* zum allerersten Mal gemacht und rund hundert Jahre später von Heidegger und Sartre in ihren Hauptwerken aufgenommen.[3] Sie haben herausgearbeitet, dass der Mensch, der sein eigenes Sein erfährt, unausweichlich mit Angst, Schuld und Scham konfrontiert wird. Diese Emotionen sind „Grunderfahrungen" (Holzhey-Kunz, 2020, S. 19) des Menschen als ein sich selbst erkennendes, fühlendes, denkendes und soziales Wesen.

Während Furcht aus dieser Perspektive zum Wunsch gehört, unser Leben zu erhalten, erwächst Angst als ein diffuses, ungerichtetes Erleben der menschlichen Seins-Erfahrung, die „dem Nichts" entspringt (Holzhey-Kunz, 2020, S. 18). Letzteres ist *kein* religiöses Konzept, sondern ein Sinnbild für die Erkenntnis, ungefragt ins Dasein geworfen und mit grundloser Angst, Schuld und Scham konfrontiert zu sein. Um daran nicht zu verzweifeln, muss der Mensch verdrängen und fortwährend sinnstiftende Überzeugungen und Glaubenssysteme entwerfen. Sobald diese Anstrengungen nachlassen und natürlich auch immer, wenn sich unvorhergesehene Dinge im Leben ereignen, blitzen die emotionalen Grunderfahrungen auf. Sie sind ein Garant für die eigene Lebendigkeit. Und sie erinnern daran, dass alle Menschen denselben Bedingungen unterworfen sind: eine bedeutende Grundlage für Empathie, soziales Engagement wie auch die adäquate Beurteilung der Limitationen menschlichen Seins und Handelns.

Damit liegt das vollständige Erscheinungsbild dieses Gefühls vor uns: Angst als objektlose Stimmung und die daraus hervorgehende Furcht als intentionales Gefühl stehen auf dem Boden existenzieller Angst, die stets verdrängt werden muss. Angst macht den Menschen zum Menschen – Angstlosigkeit entfremdet ihn von sich selbst.

---

[3] Auch Freud setzt sich mit der Unterscheidung von Angst und Furcht auseinander, ohne sie jedoch konsequent zu konzeptualisieren (1999a, S. 409 f., b, S. 197 f.).

3   Die Psychodynamik von Angst und Furcht

3.1 Die Abgrenzung von Gefahr, Risiko und Bedrohung

Auf der Basis der Unterscheidung von Angst und Furcht kann nun die Abgrenzung von Gefahr, Risiko und Bedrohung gemacht werden. Eine adäquate Ortung äußerer und innerer Quellen von Furcht sowie die präzise Einschätzung von Gefahrpotenzialen ist entscheidend für das Überleben und Wohlbefinden des Menschen. Doch die Übersetzung von Angstsignalen in Furcht und die Verknüpfung mit zugehörigen Gegenständen oder Themen ist kein rationaler, sondern ein höchst emotionaler Prozess. Angst macht den Wolf nicht nur grösser als er ist, sondern vor dem Abgrund objektloser Angst sind (äußere) Gefahren und Befürchtungen auch hochwillkommen. Unbewusste Angst kann dazu motivieren, in der Außenwelt hochgefährliche Situationen aufzusuchen, um diese in der Folge triumphal zu überwinden („sensation seeking" im Risikosport). Sie kann auch dazu verführen, in der Außenwelt Dinge wahrzunehmen, zu bekämpfen oder zu vermeiden, deren Gefährlichkeit maßlos übertrieben wird oder die gleichsam halluzinatorisch dorthin projiziert werden. Extreme Furcht vor bestimmten, an sich harmlosen Objekten etwa Mäusen oder auch Verschwörungstheorien zeugen davon (vgl. auch Abschn. 3.3).

Weil mit dem Angsterleben ein Fluchtreflex und eine Entdifferenzierung der Wahrnehmung verbunden ist, werden Gefahren leicht mit der Angst (und Furcht) gleichgesetzt oder verwechselt. Wie gezeigt wurde, ist das Angsterleben nicht zwingend mit dem Vorhandensein einer Gefahr verknüpft – und die Wahrnehmung von Gefahren zieht auch nicht obligatorisch das Erleben von Angst nach sich. Tatsächlich handelt es sich um drei extrem weite Felder: Die Dynamik des Angsterlebens an sich, die Wahrnehmung innerer, emotionaler, stets mehrdeutiger Angstauslöser und schließlich die kognitiven Prozesse der Risikoabwägung im Angesicht von Gefahren, die sowohl rationale und emotionale als auch objektive und subjektive Aspekte beinhalten.

So viel lässt sich sagen: Das Ausmaß und die Qualität des Erlebens von Furcht kann niemals mithilfe einer vermeintlich objektiven Einschätzung von Gefahren bestimmt werden. Da Gefühle immer subjektiv sind und sich der Objektivierung entziehen, gibt es überdies keine „reale" oder „irreale" Angst oder Furcht. In der Furcht allerdings spielen reale (äußere und innere) und irreale (vorgestellte) Gefahren sehr wohl eine bedeutsame, wenn auch uneindeutige Rolle: Sie können als tatsächliche Gegenstände, Situationen oder Themen die primäre Quelle für die Entwicklung von Furcht sein, die unbedingt nach einer adäquaten Einschätzung und handelnden Reaktion verlangen. Sie können aber auch sekundär als wirksames Beruhigungsmittel für Angst auserkoren werden. Die Vorstellung einer bekämpfbaren, konkreten Gefahr kann den Pegel diffuser Angst effektiv senken, was sich wie ein Beweis für die Korrektheit der Verknüpfung *anfühlt.* Ein Beweis, der freilich alles andere als stichhaltig ist.

Die nachfolgenden Thesen fassen das bisher Gesagte zusammen und lassen sich mit den Reflexionsfragen im Abschn. 1 verbinden:

Thesen zur Differenzierung von Angst, Furcht und Gefahr

1. Das Erleben von Angst als eine objektlose Stimmung ist eine grundlegende, immer mehr oder minder aktive Bedingung des menschlichen Seelenlebens.

2. Dass wir nicht ständig von Angst paralysiert sind, setzt voraus, dass wir sie stets zu einem guten Teil verdrängen können.

3. Menschen unterscheiden sich nicht nur darin, wie sie Angst auf psychischer und körperlicher Ebene erleben, sondern auch in ihrer Bereitschaft, Angst zu entwickeln.

4. Manche Menschen sind gegenüber den emotionalen Grunderfahrungen von Angst, Schuld und Scham „hellhöriger" als andere (Holzhey-Kunz, 2014, S. 139 f.).

5. Furcht als intentionales Gefühl ist mit dem Wunsch verknüpft, zu überleben und verbindet Angst mit Themen, Situationen und Objekten, *vor* denen sich jemand fürchtet.

6. Todesangst, die in unserer Terminologie „Todesfurcht" heißen müsste, ist geradezu harmlos gegenüber der gegenstandslosen, ungerichteten, namenlosen Angst, die weder Anfang noch Ende hat und vor der man nicht flüchten kann.

7. Furcht ist ein bewusstes (oder vorbewusstes, resp. bewusstseinsfähiges) Phänomen, während Angst sowohl bewusst als auch unbewusst sein kann.

8. Die Psychodynamik von Angst drängt in Richtung einer Suche nach überbewerteten Gefahren, Risiken und Bedrohungen, vor denen man sich fürchten kann.

9. Angst, Furcht und Gefahr werden häufig unreflektiert gleichgesetzt oder miteinander verwechselt.

10. Sagt eine Person, sie hätte Angst, fragt man unwillkürlich „Wovor?", was oft in die Irre führt. Ähnlich naiv ist ein Satz wie: „Du brauchst

keine Angst zu haben, weil keine Gefahr besteht." Angemessener wäre
die Frage: „Wie fühlt es sich an?"
11. Kann eine betroffene Person nichts zu ihrem Angsterleben sagen oder
bringt sie offensichtlich falsche und irrationale Ursachen auf, heißt dies
mitnichten, dass das Gefühl unberechtigt ist oder nicht existiert.
12. Das Fehlen nachvollziehbarer Ursachen oder Gefahren bedeutet nicht,
Angst sei „nur im Kopf", daher sinnlos und könne von der betroffenen
Person folglich mittels eines Willensakts abgeschaltet oder ignoriert
werden.

3.2 Die psychische Verarbeitung von Angst

Obschon die Psychodynamik von Angst kaum zuverlässig vorauszusagen ist,
folgt sie Gesetzmäßigkeiten. Es wurde bereits beschrieben, wie das ungerichtete
Angsterleben einen Suchprozess aktiviert, in dem drohende Gefahren identifi-
ziert und die Erregung in eine erträglichere, gerichtete Furcht umwandelt werden
kann (Abschn. 2.3). Dies ist ein Vorgang der Externalisierung, der eine wichtige
Verarbeitungs- und Erkenntnisfähigkeit des Menschen darstellt (Mentzos, 2013,
S. 63). Er beinhaltet (schöpferische) Prozesse der Exkorporation, Projektion und
Selbstobjektivierung (ebd.). Er bewirkt psychische Entlastung und damit Reduktion des Angsterlebens – unabhängig davon, ob die Zuschreibungen korrekt und
angemessen sind. Problematisch ist er, wenn innere Reize (im Sinne einer Abwehr
von Gefühlen) nach außen projiziert und dort mit Gefahren verknüpft werden,
die eine Überbewertung erfahren. Umgekehrt können auch Wahrnehmungen in
der Außenwelt inadäquat interpretiert, heruntergespielt und nach innen projiziert
werden, sodass eine Verharmlosung oder Missachtung von Gefahren resultiert:
„Ich spüre nichts, also ist es ungefährlich; ich kann alles tun, was ich will" oder
„Es fehlt mir lediglich an Mut."
    Eine der wichtigsten psychischen Strategien, mit Angst umzugehen, ist die
Verdrängung. Sie setzt bei der Wahrnehmung an und manipuliert diese so, dass
die psychischen Inhalte vom Bewusstsein ferngehalten werden, damit das psychische Funktionieren im Sinne eines moderaten Fühlens, geordneten Denkens und
sozial verträglichen Handelns aufrechterhalten bleibt. Mit der Verdrängung ins
Unbewusste ist das Erregungspotenzial der Angst freilich nicht verschwunden,
sondern sind nur die Vorstellungen nicht mehr verfügbar. Sie bleiben bestehen,
werden im Unbewussten umgeformt und suchen sich Entlastung über isolierte

Körperempfindungen oder eine neue, Sinn spendende Vorstellung, die freilich abgekoppelt ist von den ursprünglichen Gefühlen oder Gefahrenquellen. Die psychische Erregung kann verschoben, verdichtet, verteilt, ins Gegenteil gewendet, in den Körper übertragen oder nach außen projiziert werden. Sie kann alle denk- und undenkbaren Formen annehmen. Das Verdrängte kehrt so in verkleideter Form unversehens zurück: zum Beispiel in einer überhöhten und scheinbar sinnlosen Furcht vor Spinnen. Obschon die Inhalte unbewussten Konventionen und kulturellen Gepflogenheiten folgen, eignet sich grundsätzlich jeder Gegenstand und jedes Thema dazu. Der psychische Verarbeitungsprozess ist eine mehr oder minder differenzierte Kreation eines Symbols (oder Symptoms) als ein sinnstiftender Stellvertreter, der es dem Individuum erlaubt, der unerträglich sinnlosen Auslieferung an die Angst zu entfliehen. Dies illustriert das nachfolgende Fallbeispiel:

> **Fallbeispiel: Körperliche Angstreaktion ohne Angstempfindung**
> Ein sozial und beruflich gut integrierter Mann mittleren Alters berichtet von mehreren, ihm vollkommen unverständlichen Situationen – etwa während der Pause bei einem Kinobesuch – in denen er sich plötzlich ganz schwach fühlte, ihm „schwarz vor den Augen" wurde und er fürchtete, unvermittelt in Ohnmacht zu fallen. Nur mit größter Anstrengung gelang es ihm jeweils, sich aufrecht zu halten und seinen Zustand vor den Anwesenden zu verbergen. Alarmiert von diesen Ereignissen begab er sich zur Hausärztin, um herauszufinden, woran er erkrankt sein könnte. Die Ärztin hörte ihm gut zu und wies darauf hin, dass seine Erzählung auf überwältigende Angst im Rahmen einer Panikattacke hindeute. Der Mann war überrascht von dieser Sichtweise: Nicht nur, weil er keinerlei Vorstellung davon hatte, wovor er sich fürchten könnte, sondern auch, weil er gar nicht auf den Gedanken kam, dass er Angst erlebte.
>
> Abgesehen davon, dass die Situation dieses Mannes somatische Untersuchungen zur Abklärung möglicher körperlicher Faktoren notwendig machte, ist es bemerkenswert, dass er offensichtlich starke vegetative Begleiterscheinungen von Angst hatte, *ohne* wahrnehmen oder überhaupt denken zu können, dass er unter Angsteinfluss stehen könnte. Die Verdachtsdiagnose der Ärztin änderte daran nur, dass er es denken konnte. Das Erleben blieb unberührt: Er verspürte immer noch keine Angst. Offenbar hat er alle Erregung und Unlust unbewusst in körperliche Symptome transformiert und sich dabei der Verbindungen ins Psychische entledigt.

Die sehr wohl furchtsame Vorstellung, von einer schweren körperlichen Erkrankung heimgesucht worden zu sein, konnte er besser ertragen als die Stimmung objektloser Angst.

Die Interpretation vegetativer Begleiterscheinungen von Angst als Ausdruck einer körperlichen Erkrankung ist naheliegend, wenn die eigene Gefühlswelt unzugänglich ist. Sie wird nicht selten bereitwillig aufgenommen von ÄrztInnen, die alles unternehmen, um körperliche Ursachen zu identifizieren und in der Folge – durchaus auch auf Drängen von PatientInnen – am Körper ansetzende Interventionen in Form von Medikationen und Operationen ausführen. Kurzfristig können sie die Angst wohl beruhigen, langfristig führen sie leider in tragische Abhängigkeiten und körperliche Verstümmelungen.

Eine Furcht einflößende Reizquelle wird oft unwillkürlich gemieden. Vermeidung ist eine räumliche oder auch innere Distanzierung, etwa in Form von Intellektualisierung (d. h. Überführung der Erregung in rationale, logische und damit vermeintlich kontrollierbare Gedankengänge und Folgerungen). Vermeidung hat den Nachteil, dass sie eine stete psychische Anstrengung einfordert, sich abnutzt und nach einer Vergrößerung der Distanz verlangt, die den Aufwand kontinuierlich vergrößert. Das Individuum beschäftigt sich mit zunehmender Distanz nur noch mit seiner (unbewussten) *Vorstellung* von der Gefahr, und der Kontakt sowohl zur Reizquelle als auch zum Angsterleben gehen verloren. Die Aufrechterhaltung der Vermeidung und Verdrängung und die nicht mehr kontrollierbare *Furcht vor der Angst* absorbieren schließlich so viel Energie, dass das Individuum im normalen Lebensvollzug zunehmend eingeschränkt wird und eine Chronifizierung entstehen kann (vgl. Abschn. 3.3).

Auf Angst, Gefahr und Bedrohung reagiert der Organismus habituell mit Flucht und dem Aufsuchen von Schutz. Sollte der Fluchtweg versperrt sein, bleiben weitere Optionen: Die offensive Beseitigung der Gefahrquelle oder das Verfallen in Hilflosigkeit („Totstell-Reflex"). Aggressives und passives Verhalten sind im Kontext von Angst daher naheliegend und erwartbar (Haubl, 2018, S. 40 ff.; vgl. auch das Fallbeispiel in Abschn. 4.2).

Das Angsterleben und seine adäquate Übersetzung in Furcht dienen dem Ziel, sich wirksam vor Gefahren zu schützen. Dieser Prozess ist entscheidend für das Überleben des Einzelnen, der Gruppe und der Art. Daher ist es sinnvoll, dass Angst hochgradig ansteckend ist. Tatsächlich überträgt sie sich unwillkürlich, das heißt blitzartig und unbewusst, von einem Individuum auf das andere und bindet sie aneinander.

Menschen unter Angsteinfluss suchen unwillkürlich Schutz und Beruhigung bei anderen, vorzugsweise vertrauten Menschen. Das Angsterleben ist von Anfang an in erlebte zwischenmenschliche Situationen eingebettet: Erst wenn eine Bezugsperson die Angst eines Kindes wahrnimmt, beruhigt und benennt, lernt das Kind, was Angst überhaupt ist, wie es diesen Zustand erkennen und auf ihn reagieren kann, um die Angstentwicklung abzubremsen. Es impliziert erstens, dass man sich der Angst eines Mitmenschen niemals vollständig entziehen kann und die eigene Angst immer auch andere infiziert (vgl. Abschn. 5). Zweitens darf man unbewusste Angst – und nicht etwa Liebe oder Zuneigung – als den wichtigsten Faktor betrachten, der den Zusammenhalt von Menschen bestimmt. Dies ist brisant für das Verständnis von Arbeit, Motivation, Gruppen und Organisationen (Abschn. 4).

3.3 Angst als Krankheitssymptom

Auch wenn Angst alles andere als *a priori* krankhaft ist, macht anhaltende, intensive Angst unvermeidlich krank. Sie kann das bio-psycho-soziale Gleichgewicht derart stören, dass sich quälende psychische oder auch körperliche Symptome auszubilden beginnen. Eine lebensgefährliche Situation kann zum Beispiel einen Schreck erzeugen, der eine intensive Angstentwicklung nach sich zieht, die später in eine Posttraumatische Belastungsstörung oder Phobie mündet. Symptombildung ist manchmal auch eine gesunde Reaktion auf ein bedrohliches, krank machendes Umfeld. Ursache und Wirkung lassen sich nie eindeutig auseinanderhalten. Generell kann davon ausgegangen werden, dass jede Form von Erkrankung mit (unbewusster) Angst einhergeht.

Als klassische Angsterkrankungen gelten die Panikstörung und Generalisierte Angststörung sowie Phobien und Zwangsstörungen. Die in ihnen beobachtbaren psychischen Prozesse sind extrem ausgeprägt, unterscheiden sich *qualitativ* jedoch nicht von gesunden und alltäglichen Verarbeitungs- und Verhaltensmustern. Sie erlauben daher eine vertiefte Einsicht in das Wesen von Angst:

- In *Panikstörungen* leiden die Betroffenen minutenlang unter plötzlichen, heftigen Angstanfällen, ohne dass es eine Verbindung zu einer objektiven, sichtbaren Gefahr gibt. Die vegetativen Begleiterscheinungen von Angst ziehen häufig viel Aufmerksamkeit auf sich, insbesondere plötzliches Herzklopfen, Herzrasen oder unregelmäßiger Herzschlag (vgl. auch das Fallbeispiel im Abschn. 3.2). Oft geraten die Betroffenen in den Bann von heftiger Todes-furcht und entwickeln eine extreme Furcht vor der Angst, mit der sie mithilfe von Entspannungsübungen als erstes umzugehen lernen müssen. In dieser wie auch der folgenden Störung ist Angst als objektlose Stimmung vorherrschend.

- Die *Generalisierte Angststörung* zeichnet sich durch anhaltende, sogenannt „frei flottierende" Angst ohne Bezug zu bestimmten äußeren Umständen aus. Die Betroffenen äußern unbegründete Sorgen und Befürchtungen vor zukünf-tigen Unglücken oder Erkrankungen sowie weiterer Sorgen und Vorahnungen in großer Varietät, die sich auf sie selbst oder auch andere beziehen. Die Angst schränkt die Lebensführung der Betroffenen massiv ein und kann sich in Panikattacken oder Phobien ausweiten. Auch hier spielen die vegetativen Begleiterscheinungen von Angst eine prominente Rolle. Im Extremfall kann das Individuum in einen Zustand akuter Selbstgefährdung mit selbst zuge-fügtem Schmerz (etwa durch Schneiden) oder auch suizidalen Handlungen geraten.

- In *Phobischen Störungen* ist die Angst an bestimmte Inhalte gebunden und erscheint damit in Form von Furcht als intentionales Gefühl: Agoraphobie (Furcht vor Menschenmengen), soziale Phobie (Furcht vor sozialen Situa-tionen, die in Isolation führt), Tierphobie (Furcht vor Spinnen, Schlangen, Mäusen), Furcht vor Spritzen wie auch Höhen- und Flugangst. Die enge, irrationale Verknüpfung mit einem konkreten Gegenstand, Verhalten oder einer realen oder imaginierten Gefahrsituation ist das Ergebnis einer ungüns-tigen psychischen Verarbeitung, die exzessives Vermeidungsverhalten nach sich zieht. In der Regel beginnen ihre Behandlungen mit Konfrontations- und Desensibilisierungsübungen, die das unverstellte Erleben der Angst erst wieder zugänglich und bearbeitbar machen.

- Ein eigener Fall von Angsterkrankung sind die *Zwangsstörungen*. In ihnen thematisieren die Betroffenen Angst zunächst überhaupt nicht. Vielmehr stö-ren sie sich an ritualisierten Verhaltensweisen oder Denkmustern, die ihre Aufmerksamkeit sowie ihren Tagesablauf ungebührlich beanspruchen und ihre Flexibilität einschränken. Erst wenn sie strikt daran gehindert wer-den, den Ritualen zu folgen, werden sie von großer Unruhe, schlimmen Katastrophenfantasien, Panikattacken oder auch Somatisierungen heimgesucht. Zwangsstörungen zeigen eindrücklich, wie unzugänglich das Angsterleben sein kann und wie die unvorstellbarsten Einschränkungen in Kauf genom-men werden, um unbewusste Gefühle in Schach zu halten. Behandlungen sind erst dann erfolgreich, wenn die Betroffenen bereit sind, sich mit ihrer Angst auseinanderzusetzen, worauf sie sich oft nur höchst widerwillig einlassen.

Angst spielt als unspezifisches Symptom in praktisch allen Formen psychischer und körperlicher Erkrankungen eine Rolle. In frei flottierender Form kann sie beispielsweise auch im Kontext von Posttraumatischen Belastungssyndromen auftreten. Latente Angst liegt in der Regel Suchtverhalten zugrunde (Alkohol-, Medikamenten- und Haschisch-Missbrauch). Diese wird manifest, wenn die dämpfende Wirkung der Selbstmedikation im Rahmen eines Entzugs aufhört. Was dann zum Vorschein kommt, sind alle möglichen Formen von ungelösten emotionalen und zwischenmenschlichen Konflikten, bis hin zu verdrängten Traumata. Wie die Psychodynamik von Angst und Furcht zeigte, sind Gefühl und Körper im Angsterleben oft untrennbar miteinander verschmolzen (Abschn. 2.1, 2.2 und 3.2). In unerklärlichen Schmerzen, Missempfindungen und natürlich auch der Hypochondrie kann Angst sowohl Ursache als auch Folge sein.

Obschon gut belegt ist, dass Psychotherapie im Kontext von Angst nachhaltig hilft, gibt es keine ultimativen und Erfolg garantierende Behandlungsformen. Die Aufgabe gut ausgebildeter Fachpersonen besteht darin, gemeinsam mit den Betroffenen einen Weg zu finden, der kurzfristig entlastet und längerfristig von Symptomen befreit.

4   Angst in der Arbeitswelt

Nach diesem Gang durch die Erscheinungsformen der Angst kann nun die Rolle der Angst in der Arbeitswelt inspiziert werden. Die Träger von Angst sind zunächst alle Arbeitstätigen als Individuen mit biografisch gewachsenen Persönlichkeitsstrukturen. Sie sind neben einem unspezifischen Angstpegel stets mit inneren und äußeren Auslösern von Angst konfrontiert (Abschn. 4.1). Sodann geistert Angst durch Arbeitsgruppen, als wären sie ein überpersönliches Subjekt, das eine eigene Dynamik entfaltet. Schließlich schreibt sich Angst in Organisationsstrukturen ein und bestimmt die Organisationskulturen maßgeblich (Abschn. 4.2). Führungskräfte befinden sich in Positionen, in denen sie all dies ausgeprägt zu spüren bekommen, was sowohl eine Belastung als auch Chance ist (Abschn. 4.3).

4.1 Die Angst jedes Arbeitstätigen

Im Arbeitskontext entsteht Furcht vor Personen, Ereignissen, Gegenständen und Aufgaben, die mit äußeren, mehr oder weniger direkt wahrnehmbaren Gefahren, Bedrohungen und Risiken verbunden sind. Am Arbeitsplatz ist diese Furcht

um die Primäraufgabe der jeweiligen Organisation oder Abteilung herum zen-
triert. Sie dreht sich um die Möglichkeit des Scheiterns im Angesicht von
Aufgaben, Herausforderungen, Themen, Rollenübernahmen, Arbeitsbeziehungen,
Gruppendynamiken, Organisations- und Machtstrukturen.

Die äußeren Faktoren und Bedingungen können verhältnismäßig leicht iden-
tifiziert und analysiert werden. Schwieriger zu erkennen ist die Furcht vor
Gefühlen, emotionalen Zuständen, Vorstellungen und Erinnerungen. Sie können
durch äußere Situationen ausgelöst werden. Doch auch eine spontane Erinnerung oder ein bestimmter Gedankengang kann starke Gefühle auslösen. Hinzu
kommt auf unbewusste Konflikte zurückgehende, in die Persönlichkeitsstruktur
eingelassene neurotische Angst oder Furcht (Mentzos, 2013, S. 115 ff.). Jede
Persönlichkeitsentwicklung geht mit Krisen, Traumatisierungen und Angstzu-
ständen einher. Sie hinterlassen unbewusste Spuren, die konstitutiv sind für die
Ausbildung der Persönlichkeitsstruktur und prägen das Erleben und die Bewäl-
tigungsmöglichkeiten späterer krisenhafter Situationen, in denen immer auch
Erinnerungen an bereits erlebte Angstzustände geweckt werden.

4.2 Angstbewältigung in Gruppen und Organisationen

Neben der individuellen, intrapsychischen Verarbeitung gibt es noch eine weitere Dimension, in der Verarbeitung von Angst bedeutsam ist: Dies ist der
mehr oder minder organisierte Zusammenschluss mit anderen Menschen im
Dienst der Befriedigung von Wünschen und der Bewältigung von Angst. Jeder
Zusammenschluss von Menschen bietet Beruhigung und bewahrt vor übermäßiger
Angstentwicklung. Gemeinsam lässt sich mehr erreichen, und gemeinsam kann
man sich besser gegen innere und äußere Gefahren schützen.

Man darf davon ausgehen, dass jede Kooperation und Organisation(sstruktur)
sowohl im Dienst von Wunscherfüllung als auch Angstbewältigung steht. Hier
zeigt sich, dass die Bedeutung von Arbeit weit über das Verdienen des Lebens-
unterhalts und den Gewinn von Anerkennung hinausgeht: Die Reduktion von
Angst gehört zu den wichtigsten Gratifikationen, welche Arbeitstätigkeit mit sich
bringt. Daher ist die Analyse von Angstbewältigung und Angstabwehr enorm aufschlussreich für das Verstehen von Zusammenarbeit und des Funktionierens von
Systemen und Organisationen („Tavistock approach"; Armstrong, 2005).

Selbst wenn die Mitglieder einer Organisation niemals von Angst sprechen,
stehen sie unter dem Einfluss der Furcht vor dem Verlust des Schutzes, den die
Organisation bietet. Niemand will inkompetent erscheinen oder beschämt werden,
und es wird viel unternommen, um solche Situationen vorsorglich zu vermeiden.

Alle Vorteile und Wunschszenarien, die zu Zusammenschlüssen in Organisationen führen, erzeugen auch entsprechende Furcht vor Verlust und damit Beeinträchtigungen des Selbst und Selbstwertes. Die zugrunde liegenden, selbstbezogenen (narzisstischen) Fantasien drehen sich um Anerkennung, Allmacht und Unsterblichkeit sowie panische Furcht vor Wertlossein, Ohnmacht und Hilflosigkeit. Sie gehören zur Grundausstattung des menschlichen Seelenlebens und sind Basis jeglicher Motivation: starke, treibende Kräfte, von denen Organisation profitieren. Ihre intra- und interpsychische Regulierung kann jedoch gemeinsame Ziele wie die Erfüllung der Primäraufgabe oder Entwicklung der Organisation auch schwächen. Das folgende Fallbeispiel dreht sich um eine solche Dynamik:

Fallbeispiel: Auswirkungen unterdrückter Angst auf die Kommunikation und das Klima in einem Unternehmen
Der Autor dieses *essentials* erinnert sich lebhaft an eine Situation, in der er von einer HR-Verantwortlichen in einem großen internationalen Unternehmen angefragt wurde, im Rahmen der betrieblichen Gesundheitsförderung vor versammelter Belegschaft über die Auswirkungen von Angst am Arbeitsplatz zu sprechen. Nach einem persönlichen Kennenlerngespräch sollte die schriftliche Vortragsankündigung erstellt werden. Die erste Fassung, die der Referent einreichte, wies die HR-Verantwortliche mit der Begründung zurück, dass sie „reißerisch" sei und sich einzelne Personen im Plenum unangenehm betroffen fühlen könnten. Die interne Kommunikationsabteilung würde dies nie durchgehen lassen.

Der gemeinsam überarbeitete neue Text ließ keinen einzigen Satz der ersten Fassung stehen und enthielt nur noch pauschale Expertenäußerungen. Diese Fassung wagte die HR-Verantwortliche der Kommunikationsabteilung vorzulegen. Deren Rückmeldung leitete sie direkt an den Referenten weiter. Darin las er, dass „niemand" diese Ankündigung – inklusive drei Zeilen zum professionellen Hintergrund des Referenten – verstehen werde, weil sie ein „Nonsens" sei. Unter Verweis auf diesen negativen Bescheid bat die HR-Verantwortliche den Referenten, „nochmals über die Bücher zu gehen". Dieser lehnte jedoch freundlich ab und zog sein Angebot mit der Begründung zurück, dass er sich als Fachperson nicht willkommen fühle.

Trotz Verständnis für die Ansprüche an politische Korrektheit in Großunternehmen und der Bereitschaft, sich entsprechend anzupassen, erlebte der Referent eine Demontage seiner Stimme als Fachperson, die ihn auch persönlich in Mitleidenschaft zog. Die Kritikpunkte der HR-Verantwortlichen waren nachvollziehbar, wenn auch etwas kränkend. Der überarbeitete Text erschien dem Referenten zwar akzeptabel, doch leblos. Sein Duktus war weit entfernt von seiner gewohnten Art, zu sprechen. Den Umgangston der ungefilterten Rückmeldung der Kommunikationsstelle erlebte er als bedrohlich, ja geradezu vernichtend. Er fühlte sich von einem System vereinnahmt, in dem Vorsicht, Einschüchterung und ein rücksichtsloser Anpassungsdruck zu dominieren schienen. An seinen eigenen Reaktionen konnte er beobachten, wie er zunehmend unsicher wurde, ob er überhaupt etwas Substanzielles zum Thema zu sagen hatte: Er bekam es mit der Angst zu tun, wie man in solchen Situationen zu sagen pflegt. Als ihm klar wurde, dass er sein Referat nur noch aus einer Position großer Verunsicherung und damit Ängstlichkeit hätte halten können, entschloss er sich zum Rückzug – im Bewusstsein, dass er ein schmerzhaftes Eingeständnis eigener Unfähigkeit sein würde: Er hatte versagt, sich verständlich zu machen.

Die Art und Weise, wie die Interaktionen abgewickelt wurden, zeigte, dass in diesem Unternehmen Unsicherheit und Furcht vor einem Scheitern, vor Blamage und vielleicht sogar Sanktionen, weitgehend auf Kosten des externen Referenten reguliert wurden: Die Angst wurde projiziert und externalisiert. Dies ist insofern nachvollziehbar, als er am wenigsten zu verlieren hatte. Zu vermuten ist, dass Angst in diesem Unternehmen eine prominente, weitgehend unterdrückte Rolle spielt und ein beträchtliches Ausmaß an (unbewusster) Aggression freisetzt (vgl. Abschn. 3.2). Man kann erahnen, wie schwierig es sein muss, in diesem Klima ängstlicher Vermeidung und vernichtender Kritik, ehrlich und authentisch zu kommunizieren.

Retrospektiv wird nachvollziehbar, dass es von Anfang an aussichtslos war, (er)lebensnah über Angst sprechen zu wollen, sie zu benennen und offen über ihre Auswirkungen zu reflektieren. Das Risiko, mit dem Thema in der Belegschaft Gefühle zu wecken, war viel zu groß. Dem Referenten war nur erlaubt, ungefährliche Intellektualisierungen vorzutragen, wie etwa wissenschaftlich fundierte, vermeintlich objektive diagnostische Kriterien für Angststörungen, mit denen man die Betroffenen hätte ermitteln und in ärztliche Behandlung schicken können.

Obschon Gruppen Schutz bieten, setzt ihre unbewusste innere Dynamik auch wieder Angst frei. Denn unabhängig von ihren Aufgaben erlaubt die Teilnahme an Gruppen eine persönliche Verantwortungsabgabe, die eine gewisse Enthemmung und einen Rückgriff auf einfache, kindliche, primitive oder destruktive Verhaltensmuster ermöglicht (Regression). In Gruppen sind Menschen daher schneller bereit, ausgrenzend, aggressiv und destruktiv zu denken und zu handeln. Sie setzen die Affektkontrolle sowie Reflexions- und Kritikfähigkeit herab und begünstigen Idealisierungen, Entwertungen und Spaltungen. Dies ist lustvoll und kann Kreativität freisetzen, aber natürlich auch Schaden anrichten und Schuldgefühle wecken. Gruppendynamiken sind daher von Ambivalenz geprägt. Die Dynamik der Enthemmung und der Sog der Regression erzeugen Furcht, die abgewehrt werden muss.

Dies führt zum Beispiel zur Ausbildung eines drängenden, kollektiven Wunsches nach einem starken Führer als Identifikationsfigur, die Verantwortung übernimmt und gleichzeitig als Projektionsfläche für Idealisierungen, Wünsche und latente Angst dient. Darum wird CEOs oder PolitikerInnen manchmal fast unbegrenzte Macht verliehen und werden ihnen gröbste Fehltritte nachgesehen. Sollte es schieflaufen und der Gruppenzusammenhalt auseinanderbrechen, werden sie für alles verantwortlich gemacht, bestraft und fortgeschickt.

Auch bieten Regeln, Strukturen, Rollen und Hierarchien einen sicheren Rahmen, der diese Angst auffängt (Lohmer, 2007, S. 230). Sie haben neben ihrer Funktionalität eine unbewusste Schutzfunktion, die nicht unterschätzt werden darf. Daher entwickeln sich manchmal irrationale Eigendynamiken, in denen Regeln und Strukturen fortbestehen, obschon wenn sie längst dysfunktional geworden sind. Das ist auch der Grund, warum kleinste und scheinbar nebensächliche Veränderungen ungeahnten Widerstand auslösen können. Ganze Organisationen können sich sogar in offen zutage liegende, ganz und gar irrationale, ungünstige Richtungen entwickeln, ohne dass darauf reagiert werden kann. Die anfänglich funktionalen Regeln und Strukturen formen sich allmählich um in Organisationskultur, die aus Ritualen und informellen Strukturen besteht, die Angst binden. Es muss darum nicht verwundern, dass die rationale Planung, Steuerung und Veränderung von Organisationen so begrenzt ist (Lewkowicz & Neukom, 2018).

Beträchtliche Teile des Zusammenhalts einer Organisation oder Institution werden mittels Hierarchien und Machtstrukturen hergestellt, die sowohl Angst binden als auch erzeugen. Insbesondere in Organisationen mit steilen Hierarchien und autoritativen Führungsstilen funktioniert die Zusammenarbeit direkt über von Angst bestimmte Dynamiken (Sanktionen). Flache und stärker von Partizipation auf Augenhöhe getragenen Strukturen funktionieren anders. In ihnen ist zu erwarten, dass die Offenheit und Selbstbestimmung sowie der Zwang, selbstständig Verantwortung zu übernehmen und ethisch zu handeln, eigene Angstquellen bilden.

Solange Wünsche erfüllbar erscheinen und Angst stimulierend wirkt oder zumindest in einem mittleren Bereich gehalten werden kann, ist eine Organisation funktionstüchtig. Der Übergang zur Dysfunktionalität im Rahmen von Sinnverlust, Hemmungen, Respektlosigkeiten, Tabuisierungen oder gar einem Überhandnehmen von manifester Angst, ist fließend. Er vollzieht sich langsam und geschieht meistens unbemerkt. Je mehr Angst verdrängt werden muss, desto stärker werden Vermeidung und Externalisierung und desto mehr Unbewusstheit wird erzeugt. Damit werden die emotionalen Motive dem Bewusstsein und der Reflexion immer unzugänglicher und etablieren sich Umgangsformen, an die man sich zwar gewöhnen kann, für Außenstehende jedoch bald nicht mehr nachvollziehbar sind. Manche Berufsgruppen pflegen ihre eigenen Umgangsformen, die damit zusammenhängen: etwa der sprichwörtliche Sarkasmus unter Ärzten oder die unbeirrbare Sachlichkeit und Emotionslosigkeit von Piloten in allen Lebenslagen.

4.3 Führungstätigkeit ohne Furcht vor Angst

Führungsarbeit bedeutet, erhöhter Angst ausgesetzt zu sein. Denn Führungskräfte befinden sich in einer Position von Macht und sind aufgrund ihrer Exposition in besonderem Maß mit Anfeindungen, Verführungen und archaischen Gefühlsregungen konfrontiert. Sie sind einer Vielzahl von Angst auslösenden Quellen ausgesetzt, die miteinander in Wechselwirkung treten: Primäraufgabe, Führungsaufgabe, Verantwortungsübernahme und Erwartungsdruck anderer, Exposition und Einsamkeit beim Treffen von Entscheidungen, Projektionen und Übertragungen seitens der Mitarbeiter, Gruppendynamiken etc. (Vasella, 2016; Giernalczyk & Lohmer, 2012).

Es ist wichtig, sich klarzumachen, dass Führungsarbeit nicht nur auf der Basis von, sondern *in* Beziehungen stattfindet. Beziehungen sind von Erleben und Emotionalität gekennzeichnet, welche grundsätzlich subjektiv, das heißt, an ein individuelles, wahrnehmendes, erkennendes und fühlendes Ich gebunden sind. Daher lässt sich Führungsarbeit stärker durch Beziehung und verbale Interaktion als etwa fachliche Kompetenz charakterisieren. Gelingende Kommunikation ist ein emotionaler, intersubjektiver Prozess: ein simultanes Abstimmen von Sachinhalten, Selbstenthüllungen, Annäherungen, Abgrenzungen und Aufforderungen.

Darin eingelassen ist eine emotionale Kommunikation als ein (unbewusster) Austausch und eine (unbewusste) Regulation von insbesondere belastenden Gefühlen.
Darin spielt Angst als eine der grundlegendsten menschlichen Erlebensweisen
eine bedeutende Rolle.

Stets werden fragmentierte Anteile von Angst auf Autoritäten projiziert. Dies
geschieht in Form von Verantwortungsabgaben, Idealisierungen und Entwertungen, die dazu führen, dass Führungskräfte, Subsysteme oder Bereiche außerhalb
der Organisation (wie z. B. Kunden oder Investoren) unkritisch überhöht oder
als feindselig und bedrohlich wahrgenommen werden. Es sind unbewusste Prozesse, die nicht direkt beobachtet werden können. Doch ihre Effekte kann eine
Führungskraft unvermittelt erleben, wenn sie offen für Gefühle ist und ihre
Psychodynamik versteht.

Auch das verbindende, soziale Potenzial von Angst (Suche nach Gemeinschaft, Schutz und Beruhigung) deutet darauf hin, wie wichtig und wertvoll es
für Führungskräfte ist, wenn sie eigene und fremde Angst erleben und wahrnehmen können. Im besten Fall wird Angst zu Signalen, die auf spezifische
Befindlichkeiten und zwischenmenschliche Kräfte hinweisen. Sie erlauben eine
sichere Orientierung in Beziehungen sowie ein Verständnis für Gruppendynamiken. Als emotionale Komponente können sie die Einschätzung von Gefahren und
Risiken erweitern und auch in strategische, strukturelle, operative und personelle
Entscheidungen einfließen.

Wie eine Person ihre Rolle als Führungskraft ausfüllt, hängt stark von ihrer
Persönlichkeit ab. Im Kontext von Gefühlen ist in erster Linie Selbstkenntnis entscheidend. Das intellektuelle Verständnis der Psychodynamik von Angst und ihrer
Auswirkungen auf die Struktur, Kultur und Geschichte eines Unternehmens folgt
in zweiter Linie. Beginnend mit der Beobachtung der individuellen und kollektiven, eigenen und fremden Abwehrmechanismen (Mentzos, 2013, S. 45 ff.) kann
ein Verständnis für die „organisation in the mind" (Armstrong, 2005) und damit
die unbewussten Prozesse entstehen (Abschn. 5). Menschlich kompetente und
fähige Führungskräfte sind in der Lage, Angst als objektlose Stimmung zu erleben
und von Furcht als intentionales Gefühl zu unterscheiden. Wenn sie gegenüber
Angst grundsätzlich furchtlos sind, können sie die unvermeidliche Unlust und die
entstehenden Katastrophenfantasien bei sich behalten, ohne in einen Aktivismus
zu verfallen, der die bedrohlichen Gefühle vermeidet oder eliminiert. Je flexibler
und reflektierter Führungskräfte mit Angst und Furcht umgehen können, desto
erfolgreicher können sie ihre Aufgaben auf personeller und struktureller Ebene
erfüllen.

Der mit Selbstreflexion gepaarte Zugang zum eignen Erleben ermöglicht es,
eigene, fremde und projizierte Angst auseinanderzuhalten sowie die Gefühle

adäquat zu verbalisieren und mit anderen zu teilen. Damit können Führungskräfte zu einem entlastenden Angst-Container werden, der es MitarbeiterInnen, Arbeitsgruppen und auch der Organisation ermöglicht, flexibel, anpassungs- und lernfähig zu bleiben (Giernalczyk & Lohmer, 2012, S. 25 ff.). In diesem günstigen Fall wird Angst in das Erleben und die Kommunikation integriert, statt nur verdrängt und unbewusst gemacht. Damit wird sie weder angenehmer noch lustvoller, doch ihr desintegrierendes Potenzial verliert an Bedrohlichkeit. Sowohl unbewusste Angst als auch Vermeidungsverhalten erzeugen gefährliche blinde Flecken, die immer wieder von Neuem aufgedeckt werden müssen. Nicht umsonst heißt es, dass Not erfinderisch macht: Die Fähigkeit, Angst zu erleben und reflektieren, ist eine wertvolle Ressource für kreative Lösungen.

5 Führungstätigkeit unter Einbezug von Angst

5.1 Wahrnehmen und Erkennen

Die Wahrnehmung von Angst bei sich selbst und anderen ist schwierig und keine Selbstverständlichkeit (Franz, 2016). Sie setzt die Fähigkeit voraus, eigene Angst zuzulassen und gleichzeitig die Fantasietätigkeit zu beobachten und zu reflektieren. So kann Angst unabhängig von Gefahren und insbesondere lange bevor sie sich in körperlichen Begleiterscheinungen bemerkbar macht, erkannt werden. Dies bedingt die Existenz eines inneren Raumes, in dem psychische Inhalte (Bedeutungen, Sinnzusammenhänge, Symbole) reflektiert und zueinander ins Verhältnis gesetzt werden können. In diesem Raum kann Angst mithilfe eines Dialogs mit verinnerlichten Bezugspersonen, die sich spiegelnd, schützend und beruhigend verhalten (haben), verhandelt und beruhigt werden. Das Individuum, dessen Selbst stabil und kohärent ist, verfügt über eine ausgedehnte Innenwelt, die (Selbst-)Reflexion, mentales Probehandeln und Kreativität ermöglicht. Dieser Raum ist relativ unabhängig von der Außenwelt. Er erlaubt das Erleben hoher Intensität von Angst, da die Katastrophenfantasien und Erinnerungen nicht nur erkannt, sondern auch psychisch prozessiert und umgeformt werden können. Daher ist es erstrebenswert, über Angst unter Einschluss des Erlebens nachdenken zu können, sie sprachlich immer wieder von neuem auszudifferenzieren und auch zwischenmenschlich auszutauschen. Es ist eine unabschließbare, fundamental kreative, ja geradezu poetische Fähigkeit, die darin besteht, das drohende Chaos zu ordnen, Informationen zu vernetzen und Zusammenhänge zu erkennen.

Alle mit Angst einhergehenden Empfindungen und Vorstellungen basieren auf individuellen Erfahrungen. In anderen Worten: Die Kenntnis der eigenen Angstszenarien auf psychischer und körperlicher Ebene ist entscheidend. Gemeint sind einerseits die individuellen Ausprägungen der vegetativen Begleiterscheinungen und anderseits die von Unlust geprägten individuellen Erinnerungen und Fantasien. Letztere drehen sich um Vorstellungen von Katastrophen, Scheitern, von einem Ausbruch einer Panik oder dem Versinken in depressive, hilflose, wütende oder passive Zustände. Auch reflektierende Szenarien von Beruhigung, Schutz und Deeskalation gehören natürlich dazu. Die differenzierte Beobachtung dieser inneren Aktivierung, der Unsicherheit, Ungeduld, Verärgerung, Hilflosigkeit sowie der Impulse, sich selbst zu schützen oder sich zur Wehr zu setzen, ist für das Erkennen von Angst aufschlussreich.

Da Gefühle von Anfang an im interaktiven Raum ausdifferenziert werden, lässt sich mit Hilfe des Reflektierens eigenen Erlebens auch auf das Vorhandensein von Angst oder Furcht bei anderen Menschen schließen. Weil Angst so ansteckend und verbindend ist, besteht die größte Schwierigkeit in zwischenmenschlichen Situationen allerdings darin, zwischen sich selbst und anderen zu unterscheiden. Eine Person unter Angsteinfluss reagiert mit Aktivierung, Leistungssteigerung, Suche nach Beruhigung, (Gegen-)Angriff, Unsicherheit, Zögern, Rückzug, Hilflosigkeit, Ohnmacht und schließlich Gefühllosigkeit und Lähmung. Im Gegenüber löst dies zunächst Sorge und Mitleid sowie einen Drang zu Beruhigung und Hilfeleistung aus. Es kann jedoch auch leicht zu manifester Angst im Sinne einer unwillkürlichen, unreflektierten Gefühlsübernahme kommen. Solange es nicht gelingt, die Angst bei sich zu halten und zu beruhigen, ist sie eine dynamische, sich ins Unermessliche steigernde Koproduktion. Die nachfolgende Abbildung konzeptualisiert diese Dynamik als einen Regelkreis zwischen einer SenderIn und einer EmpfängerIn, der *beide* in eine charakteristische, die Angst intensivierende Dynamik hineinzieht (Abb. 1):

Das Erkennen von Angst ist eine Gratwanderung, die nur mit Erfahrung, Feingefühl, Intuition und Fehlertoleranz bewältigt werden kann. Wenn es gelingt, statt in Aktion zu verfallen, innere Bilder und Vorstellungen zu reflektieren (und vielleicht mit einer unabhängigen, wohlwollenden Person zu besprechen), können die entsprechenden Anteile treffend bei sich selbst und dem Gegenüber zugeordnet werden und wird es möglich, angemessen darauf einzugehen.

Abb. 1 Angstentwicklung in einem zwischenmenschlichen Regelkreis

5.2 Umgangsformen

Das adäquate „Verstehen" von Angst verlangt nach der Fähigkeit, mit ihr in Kontakt zu kommen, ohne in sie hinein zu fallen. Es ist und bleibt ein passives Erleiden eines unlustvollen Gefühls. Daher schließen sich Fühlen und Handeln oft gegenseitig aus. Je initiativer jemand ist, desto weniger (innerer) Raum bleibt, in dem sich Gefühle entfalten und bewusst werden können. Impulsives Handeln hat oft den Zweck, zu verhindern, dass sich Angst ausbreitet. Umgekehrt kann ein durch Angst bedingtes Abwarten, in welchem sich weiterführende Empfindungen ausdifferenzieren, zu einem Zögern führen, das die Entscheidungsfähigkeit und Tatkraft empfindlich einschränkt.

Die Herausforderung für Führungskräfte ist also groß. Führungskräfte und ManagerInnen, deren zentrale Fähigkeit in einer schnellen Auffassungsgabe und in sicheren Entscheidungen im Dienst der Primär- und Führungsaufgaben liegt, sind nicht zwingend auch SpezialistInnen im Umgang mit Emotionen. Insbesondere Angst erscheint ihnen unter Umständen als eine immens gefährliche Behinderung, weil sie die Autonomie und Entscheidungsfähigkeit zu beeinträchtigen droht. Wenn sie jedoch daran interessiert sind, ihre Führungsarbeit auf menschliche Art und Weise auszuführen, kommen sie nicht umhin, ihre eigene Angst kennen zu lernen und auch als Erkenntnisinstrument zu nutzen.

Wichtig ist zu begreifen, dass Angst kein Symptom ist, das bekämpft werden muss. Sie hat nicht zwingend Ursachen, die es zu ergründen oder eliminieren gilt. Wenn es um ihre Gründe geht, bleibt immer ein hohes Mass an Mehrdeutigkeit und Ungewissheit. Eine Fiktion oder falsche Erinnerung (false memory) ist unter Umständen einfacher zu ertragen als objektlose Angst. Besonders wenn es um innere Auslöser von Furcht geht, bleibt immer ein beträchtlicher Interpretationsspielraum bestehen. In Gefühlsfragen muss man das letzte Wort immer den Betroffenen selbst überlassen.

Im Angesicht eigener Angst ist es angezeigt, innezuhalten, durchzuatmen, zu entspannen und die Körperempfindungen und die Fantasietätigkeit zu beobachten: Es ist weder eine Schande, Angst zu verspüren, noch richtet das Erleben von Angst grundsätzlich Schaden an. Das Wissen darüber, dass und wie die eigene Wahrnehmung und Handlungsfähigkeit unter Angsteinfluss eingefärbt werden, ist eine wichtige Basis, um Mitmenschen und Situationen zu verstehen und sich vor falschen Erwartungen und Missverständnissen zu schützen.

Wie verhält man sich angemessen gegenüber einer Person, die unter Angsteinfluss steht? Die adäquatesten und grundlegendsten Reaktionen auf Angst (und Furcht) beinhalten Einfühlung, Verbalisierung und Aufnahme in menschliche Gemeinschaft. Menschen, die Angst haben, sollte man nicht allein lassen. Sie beruhigen sich in kleinen, geschützten und vertrauten Räumen am schnellsten.

Dem Gefühl selbst kann mit geduldigem und unerschrockenem Aussprechen von Befürchtungen (Fantasien) begegnet werden. Verbalisierte und damit geteilte Angst verliert unmittelbar an Schrecken. Bilder, die in bedrohlichen Situationen sowohl Katastrophen- als auch Wunscherfüllungsszenarien symbolisieren, bewirken eine Entspannung und damit Befähigung, wieder klare Gedanken zu fassen und sich der Arbeit zuzuwenden. Die *gemeinsame* Entwicklung von Fantasien, Ritualen und Strukturen erzeugt Halt und Sicherheit. Es ist ratsam, Vermeidungsstrategien entschieden entgegenzutreten, denn jedes Aufschieben und Sich-Entziehen erschwert die spätere Konfrontation. Im Kontext von Furcht können fordernd-motivierendes Verhalten, impulsive (Hilfs-)Aktionen, Intellektualisierungen (wie etwa das Relativieren von Gefahren) und Objektivierungen (Risikoanalysen) durchaus nötig sein. Sie dienen allerdings tendenziell mehr der Verdrängung von Angst als dem Umgang mit ihr.

Alle Angst beruhigenden Interventionen bauen auf einen von Reflexion, Offenheit, Respekt, Transparenz und Glaubwürdigkeit geprägten Beziehungs- und Arbeitsumfeld auf. Sie können nur wirksam werden, wenn die zentralen Vertrauens- und Loyalitätsfragen grundsätzlich und positiv geklärt sind. Folgende Strategien fassen das bisher Gesagte zusammen:

Strategien im Umgang mit eigener, fremder und geteilter Angst

1. *Selbstbeobachtung:* Innehalten, durchatmen und entspannen, so gut es geht. Dabei die eigene Angst wahrnehmen und aushalten sowie die assoziierten Fantasien und Körperempfindungen beobachten und in Bezug auf ihre Qualität und mögliche Objekte von Furcht untersuchen.
2. *Aufnehmen und Eingrenzen (Containment):* Einer Person, die (mutmaßlich) unter Angsteinfluss steht, geduldig und empathisch zuhören. Zurückhaltung in Bezug auf Intellektualisierungen, Versachlichungen, rationale Beschwichtigungen und das (unreflektierte) handelnde Reagieren.
3. *Deuten:* Die offensichtliche oder vermutete Angst benennen und die mit ihr verbundenen (Katastrophen-)Fantasien verbalisieren. Sie als Vorstellungen behandeln, die keine Eins-zu-eins-Abbildung der äußeren Realität sind.
4. *Konfrontation:* Scharf beobachten, wo Vermeidungsverhalten ansetzt und diesem entschieden entgegentreten. Sich nicht davon beirren lassen, dass die Zurücknahme der Vermeidung das Angsterleben zunächst verstärkt.
5. *Perspektivenwechsel:* Angst auslösende Situationen von unterschiedlichen Seiten her betrachten und sich in die Position von allen Beteiligten versetzen. Entwicklung neuer Fantasien und alternativer Entwicklungsszenarien.
6. *Ritualisierung:* Entwicklung von Strukturen, die dank Wiederholung, Regelmäßigkeit, Überschau- und Vorhersehbarkeit Angst (und Stress) zu binden vermögen. Dabei darauf achten, dass sie nicht primär im Dienst von Vermeidung stehen.

7. *Vertrauensbildung:* Verständnis für die Irrationalität von Angst und
   Furcht sowie Empathie, Zuverlässigkeit und Loyalität erhöhen die
   Angsttoleranz, stärken die Selbstsicherheit, wirken beruhigend und
   spenden Sicherheit sowie Schutz.

Wenn eine Führungskraft *auch* eine schützende Vertrauensperson sein kann, ist sie nahe bei den MitarbeiterInnen und kann essenzielle Informationen über das Klima im Team und Unternehmen gewinnen. In Bezug auf Angst muss sie fähig sein, zuzuhören und sich von der Angst des Gegenübers so weit infizieren zu lassen, dass Mitgefühl entsteht. Mitgefühl heißt, nicht aus dem Blick verlieren, dass die Angst vom Gegenüber ausgeht und zu ihm gehört. Dies verlangt eine ständige Übersetzungsarbeit unter der Bedingung eingeschränkter Übersicht. Jemand, der oder die sich angriffig und aggressiv verhält, kann tatsächlich von großer Angst beherrscht sein und eigentlich aus der Defensive reagieren. Gegenwehr, Ungeduld und Aktionismus sind dann verständlicherweise kontraproduktiv. Fremde Angst bei sich selbst zu halten, zu verarbeiten und in für das Gegenüber aushaltbaren Portionen (Symbolisierungen) zurück zu geben, bedeutet eine beträchtliche psychische Anstrengung. Einfacher wäre es, verängstigten Menschen vorzuspielen, man wisse Bescheid. Das hat zwar eine höchst beruhigende Wirkung, erzeugt jedoch Abhängigkeit und ist nicht nachhaltig.

Das nachfolgende Fallbeispiel beschreibt eine Situation aus dem Führungsalltag:

Fallbeispiel: Vermeidungsverhalten außer Kontrolle
Eine Führungskraft berichtet in Coaching-Sitzungen von einer Mitarbeiterin, die ihm Sorgen macht, weil sie nicht gut performt und unklar ist, woran dies liegt. Seit Beginn der Corona-Krise befindet sie sich im Home-Office, das sie vorsichtshalber auch während der Lockerung der Ausgangssperre nie verlassen hatte. Als Kunden sich beschweren, dass sie nicht erreichbar sei, kommt der Verdacht auf, dass sie ihre Arbeitsstunden nicht leistet. Darauf angesprochen, versichert sie jedoch, dass alles in Ordnung sei. Als der Teamleiter die Mitarbeiterin zu einer persönlichen Sitzung einzuladen versucht, stößt er auf einen merkwürdigen Widerstand: Zunächst sind es scheinbar zufällige Verhinderungsgründe, die den Termin mehrmals im letzten Moment platzen lassen. Dann beginnt die Mitarbeiterin über die angeblich zu hohen Risiken einer Covid-19-Ansteckung im Büro zu debattieren. Als sie ihm schließlich wissenschaftliche Studien schickt, die ihr Fernbleiben legitimieren sollen, wird dem Teamleiter klar, dass etwas aus dem Ruder gelaufen ist.

Nun spricht er die Mitarbeiterin auf seine Vermutung an, sich aus Furcht von einer Ansteckung über viele Wochen hinweg so sehr zurückgezogen zu haben, dass sie in der Isolation und Einsamkeit ihre Arbeitsfähigkeit verloren hat. Die Mitarbeiterin scheint förmlich aufzuatmen und beginnt, ihr Herz auszuschütten. Sie gesteht, an Depressionen und Panikattacken zu leiden, kürzlich psychotherapeutische Behandlung aufgesucht zu haben und sich deswegen stark zu schämen. Nun wird es möglich, gemeinsam über einen Weg zu sprechen, der zuerst das Wohlbefinden der Mitarbeiterin wiederherstellt und danach eine Reintegration in die Arbeit ermöglicht.

Nach einer krankheitsbedingten Pause von einigen Wochen meldet sich die Mitarbeiterin wieder zurück. Sie bittet den Teamleiter, sie darin zu unterstützen, wieder so oft als möglich im Büro zu erscheinen. Ohne sich über die Inhalte ihrer Befürchtungen und privaten Sorgen auszutauschen, entwickeln sie eine Strategie für die schrittweise Wiederaufnahme ihrer Arbeit. Die Aufgabe des Teamleiters besteht darin, auf Unregelmäßigkeiten zu achten und mögliche Vermeidungsstrategien konsequent und direkt anzusprechen.

Schritt um Schritt gelingt es, die Mitarbeiterin wieder zu integrieren, die Situation zu normalisieren und damit auch die Arbeitsleistung und Kundenzufriedenheit wiederherzustellen. Der Teamleiter ist froh, die Mitarbeiterin nicht vorschnell wegen mangelnder Leistung kritisiert und unter Druck gesetzt zu haben. Außerdem hat er viel über die Dynamik von Angst, besonders in Zeiten von Corona, gelernt.

Es ist wichtig, dass die Führungskräfte nicht in eine Schon- oder Entmündigungshaltung verfallen, sondern die MitarbeiterInnen bei allem Verständnis auch weiterhin fordern und fördern. Wenn sie die beschriebenen gruppendynamischen Prozesse (Abschn. 4.2) erlebt haben und kennen, können sie auch den Umgang mit Angst im Kontext von Gruppen erlernen. Sobald der Angstpegel in einer Gruppe die Zusammenarbeit zu beeinträchtigen droht, sollten sie das Gespräch suchen, zuhören, Verständnis aufbringen, Schutz und Entlastung anbieten. Auch hier geht es darum, gemeinsam über angemessene Reaktionen und Umgangsformen zu diskutieren und gegebenenfalls neue Regeln und Rituale zu entwickeln.

Grundsätzlich gilt, dass alle außerordentlichen, bedrohlichen, erschreckenden, Angst auslösenden Ereignisse einer Nachbearbeitung in Gesprächen bedürfen, sei es in Zweier- oder Gruppensituationen. In der Arbeitswelt wird mit schwierigen Ereignissen leider oft naiv und nachlässig umgegangen. Kränkende und verletzende Situationen werden nicht vergessen. Unverarbeitete Gefühle werden im Erleben schlagartig aktualisiert, wenn eine Wiederholung droht. Erlebtes kann daher nicht erledigt werden, indem lediglich ein Neuanfang beschlossen und nur noch nach vorn geblickt wird. Es ist empfehlenswert, gravierende Ereignisse mit professioneller Unterstützung aufzuarbeiten.

6 Quintessenz

Die angemessene Konzeptualisierung von Zusammenarbeit und Führung verlangt eine Erweiterung des Menschenbildes der Ökonomik, das in betriebswirtschaftlichen Kontexten das Denken und Handeln (immer noch) häufig dominiert – wie auch das Fallbeispiel „Auswirkungen unterdrückter Angst auf die Kommunikation und das Klima in einem Unternehmen" (Abschn. 4.2) gezeigt hat. Der Versuch, missliebige Gefühle zu ignorieren, führt nicht weite.; Die (Ideal-)Vorstellung eines Homo-oeconomicus, der stets auf seinen eigenen Vorteil bedacht ist und diesen mit ausschliesslich rationalen Mitteln zu sichern versucht, greift zu kurz: Zum einen wird der Mensch als irrationales Gefühlswesen weitgehend von seinem Unbewussten bestimmt. Zum anderen ist er als reflektierendes, soziales und vernunftbegabtes Individuum grundsätzlich in der Lage, auch unangenehme Gefühle auf konstruktive Art und Weise in sein Erleben und Handeln zu integrieren.

Angst ist ein prototypisches Unlustgefühl, das essenziell zum Menschen gehört. Es ist der wichtigste Motor für die Entwicklung von Institutionen, Ritualen, Kunst und Kultur. Alle Formen von Zusammenarbeit erzeugen Angst, die von Strukturen, Regeln und Werten in Schach gehalten wird. Mittels der Analyse von Angst und ihrer Auswirkungen auf das Erleben und Verhalten sowie die Kommunikation und Motivation, können unbewusste Motive, Gruppendynamiken und unbewusste Strukturen in Organisationen erkannt und damit ihre Funktionsweise, Limitationen und Potenziale besser verstanden werden.

Unser Anliegen, Angst als Gefühl und Erlebensform zugänglich zu machen, hat offengelegt, wie wenig Spielraum sie bietet, um ins Positive und Hoffnungsvolle gewendet zu werden. Das hat seine Richtigkeit und bedarf keiner Bewertung. Sie ist weder Freund noch Feind, sondern unausweichlicher Teil unseres Erlebens. Wer sich mit diesem fundamentalen Unlustgefühl auseinandersetzt, muss frustrationstolerant und bereit für das Unangenehme sein. Im Laufe jedes Lebens wie auch in jedem Unternehmen gibt es Momente und Phasen, die von Angst und allen dazugehörigen Empfindungen geprägt sind. Auch wenn es sich im Moment des Erlebens nie so anfühlt, hinterlassen sie in aller Regel keine Schäden. Freilich gibt es Situationen, die besondere Anstrengungen verlangen, um sie ertragen zu können. Das Annehmen-Können von Unterstützung ist eine wichtige Kompetenz. Alle Gefühle verdienen es, ausdifferenziert zu werden. Persönlichkeiten und Organisationen mögen daran wachsen – oder auch nicht: Angst wird immer bleiben, was sie ist.

Weil es kaum eine stärkere Verführung zum Intellektualisieren als Angst gibt, wurde in dieser Darlegung mit Bedacht darauf verzichtet, Angsttheorien und -typologien oder gar Messverfahren zu präsentieren. Auch ist das in mit psychoanalytischen und existenzphilosophischen Elementen unterlegte Menschenbild diskutierbar: Es ist weder verpflichtend noch allgemeingültig gemeint und dient in erster Linie der Transparenz und Nachvollziehbarkeit. Im besten Fall regt es die LeserInnen dazu an, sich mit *ihrem eigenen, individuellen* Menschenbild auseinanderzusetzen und es in den Kontext dieses Leitfadens, ihrer Organisation und ihrer Führungstätigkeit zu bringen. Dies sind Reflexionen, die Führungstätigkeit komplettieren und die Arbeitswelt bereichern.

Was Sie aus diesem *essential* mitnehmen können

Das Angsterleben…

- ist eine ubiquitäre Erfahrung, die das Denken und Handeln tiefgreifend und auf charakteristische Weise beeinflusst.
- ist ein prototypisches Unlustgefühl, das in enger Verbindung zu Unsicherheit, Ohnmacht, Hilflosigkeit, Schmerz, Schuld und Scham steht.
- erzeugt Katastrophenfantasien, die in erster Linie als Vorstellungen (und nicht Fakten) behandelt werden sollten.
- ist auf bewusster und unbewusster Ebene regelhaft im Spiel, wo immer sich Bewegung, Veränderung und Destabilisierung ereignen.
- ist nicht ausschließlich störend, hemmend und unerwünscht.
- bestätigt die eigene Lebendigkeit, selbst wenn es in anhaltendem und hohem Maß krank macht.
- ist in der Innenwelt eine wertvolle Ressource für die Entwicklung von Kreativität.
- sollte auch im Arbeitsleben einen selbstverständlichen Platz haben.

Kompetente Führungskräfte…

- verfügen über einen Zugang zur eigenen Angst als eine objektlose Stimmung.
- können Angst erleben und über sie reflektieren.
- können Angst, Furcht und Gefahr auseinanderhalten und haben ein Verständnis für ihre Psychodynamik.

© Der/die Herausgeber bzw. der/die Autor(en), exklusiv lizenziert durch Springer-Verlag GmbH, DE, ein Teil von Springer Nature 2021
M. Neukom et al., *Angst in Organisationen – mit emotionaler Authentizität zum Führungserfolg*, essentials, https://doi.org/10.1007/978-3-662-64272-6

- sind furchtlos gegenüber der Unkontrollierbarkeit von Angst, ihrer Irrationalität und auch der Unlust, die mit ihr einhergeht.
- können Angst empathisch in ihre Beziehungsgestaltung und die personelle Führung integrieren.
- nutzen Angst als Schlüsselinformation im Rahmen von struktureller Führung und Organisationsentwicklung.

Literatur

Armstrong, D. (2005). *Organization in the mind. Psychoanalysis, group relations, and organizational consultancy*. H. Karnac (Books) Ltd.

Balint, M. (2014). *Angstlust und Regression* (8. Aufl.). Klett-Cotta.

Bion, W. R. (2001). *Erfahrungen in Gruppen und andere Schriften* (3. Aufl.). Klett-Cotta (Erstveröffentlichung 1961).

DWDS. (2021). „Angst", bereitgestellt durch *Das Digitale Wörterbuch der deutschen Sprache*. https://www.dwds.de/wb/Angst. Zugegriffen: 19. Jan. 2021.

Foucault, M. (1994). Das Subjekt und die Macht. In H. L. Dreyfus & P. Rabinow (Hrsg.), *Michel Foucault. Jenseits von Strukturalismus und Hermeneutik* (S. 243–261). Beltz (Erstveröffentlichung 1982).

Franz, M. (2016). Vom Affekt zu Gefühl und Mitgefühl – Eine neurobiologische und bindungstheoretische Einführung. In E.-M. Lewkowicz & B. West-Leuer (Hrsg.), *Führung und Gefühl. Mit Emotionen zu Authentizität und Führungserfolg* (S. 15–32). Springer.

Freud, S. (1999a). Vorlesungen zur Einführung in die Psychoanalyse. In: *Gesammelte Werke XI* (S. 1–482). Fischer (Erstveröffentlichung 1917).

Freud, S. (1999b). Hemmung, Symptom und Angst. In: *Gesammelte Werke XIV* (S. 262–303). Fischer (Erstveröffentlichung 1926).

Giernalczyk, T., & Lohmer, M. (Hrsg.). (2012). *Das Unbewusste im Unternehmen. Psychodynamik von Führung, Beratung und Change Management*. Schäffer-Poeschel.

Grieser, J. (2011). *Architektur des psychischen Raumes. Die Funktion des Dritten*. Psychosozial.

Hartkamp, N. (2016). „Damit Affekt zu Gefühl und Mitgefühl werden" – Führungskräfte als Change Manager. In: E.-M. Lewkowicz & B. West-Leuer (Hrsg.), *Führung und Gefühl. Mit Emotionen zu Authentizität und Führungserfolg* (S. 139–151). Springer.

Haubl, R. (2018). *Emotionen bei der Arbeit. Reflexionshilfen für Beratende*. Vandenhoeck & Ruprecht.

Holzhey-Kunz, A. (2020). *Emotionale Wahrheit. Der philosophische Gehalt emotionaler Erfahrungen*. Schwabe.

Holzhey-Kunz, A. (2014). *Daseinsanalyse*. Facultas.

Kierkegaard, S. (1984). *Der Begriff Angst*. Felix Meiner (Erstveröffentlichung 1844).

Krause. (1987). Psychodynamik der Emotionsstörungen. In K.U. Scherer (Hrsg.), *Psychologie der Emotion. Enzyklopädie der Psychologie* (Bd. C-IV-3, S. 630–705). Hogrefe.

© Der/die Herausgeber bzw. der/die Autor(en), exklusiv lizenziert durch Springer-Verlag GmbH, DE, ein Teil von Springer Nature 2021
M. Neukom et al., *Angst in Organisationen – mit emotionaler Authentizität zum Führungserfolg*, essentials, https://doi.org/10.1007/978-3-662-64272-6

Laplanche, J., & Pontalis, J.-B. (2002). *Das Vokabular der Psychoanalyse* (18. Aufl.). Suhrkamp.

Lewkowicz, E.-M., & Neukom, M. (2019). *Kompetent führen. Betriebswirtschaftliche und psychodynamische Grundlagen für den Führungsalltag.* Schäffer-Poeschel.

Lewkowicz, E.-M., & Neukom, M. (2018). Organisationskultur. Die stärkste Macht im Unternehmen? *Psychodynamische Psychotherapie,17,* 106–115.

Lewkowicz, E.-M., & West-Leuer, B. (2018). Zum guten Schluss über Toni Erdmann hinaus. Vom Sinn und Unsinn psychodynamischer Beratung von Führungskräften. *Psychodynamische Psychotherapie,17,* 125–131.

Lewkowicz, E.-M., & West-Leuer, B. (Hrsg.). (2016). *Führung und Gefühl. Mit Emotionen zu Authentizität und Führungserfolg.* Springer.

Lohmer, M. (2007). Der psychoanalytische Ansatz in Coaching und Organisationsberatung. *Psychoanalyse im Dialog,7*(3), 229–233.

Mentzos, S. (2000). *Neurotische Konfliktverarbeitung. Einführung in die psychoanalytische Neurosenlehre unter Berücksichtigung neuer Perspektiven* (17. Aufl.). Fischer.

Mentzos, S. (2013). *Lehrbuch der Psychodynamik. Die Funktion und Dysfunktionalität psychischer Störungen* (6. Aufl.). Vandenhoeck & Ruprecht.

Neukom, M. (2016). Angst – Bedingung des Mensch-Seins. In: E.-M. Lewkowicz & B. West-Leuer (Hrsg.), *Führung und Gefühl. Mit Emotionen zu Authentizität und Führungserfolg* (S. 67–79). Springer.

Roth, G. (2000). *Das Gehirn und seine Wirklichkeit. Kognitive Neurobiologie und ihre philosophischen Konsequenzen.* Suhrkamp (Erstveröffentlichung 1996).

Vasella, D. (2016). Emotionale Herausforderungen und Chancen der Unternehmensführung. In: E.-M. Lewkowicz & B. West-Leuer (Hrsg.), *Führung und Gefühl. Mit Emotionen zu Authentizität und Führungserfolg* (S. 33–49). Springer.

West-Leuer, B. (2021). *Zack, erleuchtet: Wie arbeiten wir erfüllt?* – PERSONALITY (person alitymag.com)

West-Leuer, B. (2015). Emotionen im Kontext von Coaching. In: A. Schreyögg & C. Schmidt-Lellek (Hrsg.), *Die Professionalisierung von Coaching. Ein Lesebuch für den Coach.* (S. 325–339). Springer Fachmedien.

West-Leuer, B. (2011). Affekt-Coaching. Business-Coaching zur Verbesserung von Selbstmanagement und Selbststeuerung. In H. Schnoor (Hrsg.), *Psychodynamische Beratung* (S. 165–178). Vandenhoeck & Ruprecht.

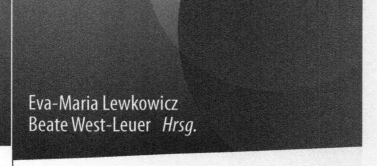

Eva-Maria Lewkowicz
Beate West-Leuer *Hrsg.*

Führung und Gefühl

Mit Emotionen zu Authentizität
und Führungserfolg

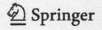 Springer

Printed by Printforce, the Netherlands